中国农业科学院科技创新工程（ASTIP－IAED－2005－04）资助

中国有机农产品生产、消费的经济学分析

——以有机蔬菜为例

钱静斐　著

经济科学出版社

图书在版编目（CIP）数据

中国有机农产品生产、消费的经济学分析：以有机蔬菜为例／钱静斐著 . —北京：经济科学出版社，2015. 11
ISBN 978 - 7 - 5141 - 6240 - 0

Ⅰ. ①中…　Ⅱ. ①钱…　Ⅲ. ①有机农业 - 农业经济发展 - 研究 - 中国　Ⅳ. ①F323

中国版本图书馆 CIP 数据核字（2015）第 275219 号

责任编辑：凌　敏　程辛宁
责任校对：郑淑艳
责任印制：李　鹏

中国有机农产品生产、消费的经济学分析
——以有机蔬菜为例
钱静斐　著
经济科学出版社出版、发行　新华书店经销
社址：北京市海淀区阜成路甲 28 号　邮编：100142
教材分社电话：010 - 88191343　发行部电话：010 - 88191522
网址：www. esp. com. cn
电子邮件：lingmin@ esp. com. cn
天猫网店：经济科学出版社旗舰店
网址：http：//jjkxcbs. tmall. com
北京季蜂印刷有限公司印装
880 × 1230　32 开　6. 125 印张　160000 字
2015 年 11 月第 1 版　2015 年 11 月第 1 次印刷
ISBN 978 - 7 - 5141 - 6240 - 0　定价：24. 00 元
（图书出现印装问题，本社负责调换。电话：010 - 88191502）
（版权所有　侵权必究　举报电话：010 - 88191586
电子邮箱：dbts@ esp. com. cn）

前　　言

改革开放三十多年来，中国农业取得了辉煌的成绩，食物短缺已成为历史。随着国内经济的飞速发展，城乡居民生活水平大幅度提高，对农产品的需求从数量安全转向质量安全。无论是应对国内居民消费升级，满足食品质量安全和生态环境保护的需要，还是提高国内农产品的国际竞争力，大力发展有机农业都是提升中国农产品整体水平的有效途径。本书通过对有机农产品生产、消费、流通等环节进行全面、系统、深入的分析，探讨当前中国有机农产品市场的发展规律及存在的突出问题，以期为今后中国有机农业的健康稳定发展提供一定的理论基础和决策依据。

中国有机农业总体呈平稳发展的趋势，并且具有明显的区域特色优势。中国有机农业发展初期，生产以出口为导向，而且产量和面积都很低，2000年以来国内居民消费市场发展迅速，有机农产品的认证面积和产量随之增加。从区域分布来看，中国有机农业生产主要集中在黑龙江、内蒙古等北方地区，近几年由于西部大开发的带动，有机畜牧业在西部发展势头良好。从认证面积和产量来看，有机农产品加工业认证面积所占有机食品总认证面积的份额最大。

通过对2013年山东肥城有机菜花的生产成本效益的调研，得知有机菜花的生产成本高于常规菜花，主要原因是有机菜花的劳动力成本、土地成本、种子成本比常规菜花的要高。在现有生产技术条件下，有机菜花亩产提高的空间有限，而各种投入成本尤其是劳动力成本从长期来看呈上升趋势，压缩了有机农户的收入空间，使得有机菜花的收益低于常规菜花。同时，通过对有机菜花的生产技术效率进行测算和分析，得出有机菜花的实际产出水平与前沿产出水平之间还有差距，生产技术效率水平还有待提高。

国内有机农产品市场逐渐打开，但消费者对有机农产品的认知度和支付意愿有待提高。通过对北京、上海、广州、哈尔滨四个城市的消费者调查，了解到消费者对有机农产品的认知情况；并通过Logit模型对消费者的决策行为影响因素分析，发现消费者的学历、家庭年收入、家庭中是否有老人和小孩、对有机食品的认知和信任度等都是影响消费者是否购买有机农产品的主要因素。

国内有机农产品生产经营组织模式主要以企业为龙头，通过不同方式与农户有机结合共同参与有机农业生产。按公司与农户之间的联合方式和载体不同分为："公司＋基地＋农户"、"公司＋合作社＋农户"、"公司＋农户"三种方式。这三种模式都是对传统分散农户生产经营的创新，有利于推动有机农业的发展。但这三种模式各有利弊，并没有哪一种能称为最理想的生产组织方式，能在生产、加工、销售一体化的情况下，形成生产者、加工者与销售者三者之间风险共担、利益均沾的运行机制。

与发达国家相比，我国有机农产品市场起步较晚，其中一个重要原因就是流通渠道不健全。我国国内区域经济发展水平不平衡，消费者对有机农产品的认知程度和购买意愿不高，这些都不利于有机农产品的市场流通。从我国有机农业的发展现状来看，有机农产品的市场认知度和接受度的提高需要培育和利用市场流通系统。目前国内有机农产品流通方式主要有四种：超市、网络、有机专卖店和直销的方式。

我国政府通过建立有机农产品质量安全追溯体系、有机认证认可体系等对有机农产品市场进行监管，并且取得了比较显著的成效，但由于我国有机农产品国内消费市场起步较晚，还处于完善和发展的时期，在政府监管方面还存在着不少问题。

基于以上研究结论，本书提出了相应的政策建议：合理解决发展有机农业的定位问题；各级政府应加大对有机农业的财政支持；鼓励农户适度规模化经营；加大对有机农业数据收集和科研的投入；推进有机农产品宣传工作；完善有机农产品监管体系；加强国际交流与合作；创新生产组织和流通机制。

钱静斐

2015 年 3 月

目　　录

第1章 绪 论

1.1 研究背景和意义

"这是一个没有声息的春天。这儿的清晨曾经荡漾着乌鸦、鹎鸟、鸽子、樫鸟、鹪鹩的合唱，以及其他鸟鸣的音浪；而现在一切声音都没有了，只有一片寂静覆盖着田野、树林和沼泽。"这是1962年美国女学者雷切尔·卡尔逊在《寂静的春天》一书中对"死神的特效药"——农药危害人类环境的预言。正是这部惊世之作的发表引起了人们开始关注农业环境问题，并对现代农业的发展模式进行反思。

纵观农业发展史，世界农业的发展经历了原始农业（石器时代）、古代农业（铁制工具大量使用至19世纪中期）、近代农业（19世纪中期至20世纪中期）和现代农业（20世纪中期至今）四个主要发展阶段（翟虎渠，2006）。在刀耕火种的原始农业阶段，人类主要依靠自然界现成的生活资料进行农业生产，相对于人类有限的利用和干预自然的能力，自然资源显得比较充足，而且生态系统基本可以自我修复。古代农业大体上是处于奴隶社会到封建社会时期的农业，也是通常所称的"传统农业"，在这个阶段，人类从被动地适应自然转向能动地利用自然规律来提高农业生产力。从19世纪中期到20世纪中期将近一百年的时间，是近代农业阶段，以英国"圈地运动"为典型的农业资本主义化对"传统农业"的旧耕作制度进行变革，物理学、化学、生物学等领域的研究成果不断涌现，并且大量被运用到农业领域中，农业生产技术体系由此形成。第二次世界大战结束后，世界各国对经济与科技发展的关注推动了近代农业向现代农业的转变，此阶段，人们大量使用以石油产品为动力的农业机械和以石油制品为主要原料的化肥、农药等农用化学品，因此，现代农业也被广泛称为"石油农业"。

在过去的一个多世纪里，现代农业飞速发展，随着农业机械化、集约化和化学化程度的不断提高，农业生产能力得以全面提升，但同时，水资源紧缺、土地退化、生物多样性减少等生态环境问题也日益突现：化肥、杀虫剂、除草剂等化学品的大量使用导致水资源污染、植被破坏、土壤板结退化；种植业和畜牧业快速发展产生的面源污染；大面积推广现代品种种植引起的生物多样性减少等。石油农业中生产的果蔬营养成分也已下降到警戒线：1950 年的西兰花中的钙含量为 130 毫克，目前是 48 毫克，下降率为 63%（苏劲松等，2012）。石油农业高消耗、大量生产、高污染的生产方式使资源环境矛盾的日益加剧，也使人类食品安全和身体健康受到威胁，人们开始寻求一种节约能源、保护生态平衡和生物圈良性循环的崭新的农业生产方式（宋敏等，2010）。有机农业是对传统农业、石油农业的深变革，是对人类农耕方式质的提升和飞跃，是实现人与自然和谐发展与环境双赢的新型农业模式（姜春云，2010）。

改革开放三十多年以来，中国农业取得了辉煌的成绩，食物短缺已成为历史。随着国内经济的飞速发展，城乡居民生活水平大幅度提高，对农产品的需求从数量安全转向质量安全（张新民，2010）。近年来，中国农产品质量安全事件频发，例如，双汇"瘦肉精"事件，沈阳"毒豆芽"事件，湖南"毒大米"事件，海南"毒豇豆"事件，青岛"毒韭菜"事件等，再加上转基因食品对人类健康是否有不良影响尚未有定论，这些都使得农产品质量安全成为当前人们最关注的民生问题之一。

党的十七大报告首次提出"生态文明"的概念，指出"要建设生态文明，基本形成节约能源资源和保护生态环境的产业结构、增长方式、消费模式"。党的十八大报告再次提及"生态文明"——"我们一定要更加自觉地珍爱自然，更加积极地保护生态，努力走向社会主义生态文明新时代。"相比在五年前党的十七大报告中，"生态"或"环境"字眼被直接提到的地方达 28 处，党的十八大报告中大幅增长至 45 处，可见政府对生态文明和可持续发展的重视。生态文明，是指人类在经济社会活动中，遵循自然发展规律、经济发展规律、社会发展规律、人自身发展规律，积极改善和优化人与自然、人与人、人与社会之间的关系，为实现经济社会的可持续发展所做的全部努力和所取得的全部成果（沈满洪，2010）。从农业部门的角度来看，生态文明即在要求在发展农业的过程中一定要把良好的生态环境作为底线，作为衡量又好又快的"好"字的最基本要求，并且从实践上按照统筹城乡、梯度推进的原则解决农业、农村、农民的环境问题，实现"高效、优质、高产、安全、生态"的农业。生态文明建设的提出为有机农业的发展提供了一个良好的契机。

20 世纪 70 年代以来，有机农业在欧、美、日等发达国家以及部分发展中国家得到快速发展。根据有机农业研究所（FiBL）和国际有机农业运动联盟（International Federation of Organic Agriculture Movements，IFOAM）发布的《2012 年全球有机农业年鉴》统计，截至 2010 年年底，全球约有 160 个国家以有机方式管理的土地面积达 3700 万公顷，澳大利亚、阿根廷和美国分别以 1200 万公顷、418 万公顷和 195 万公顷的种植面积排名世界前三位。中国有机农业用地面积为 139 万公顷，占全球有机农产品种植面积的 3.76%，排名第六位；占亚洲有机农业用地面积的 49.64%，排名第一位。但是，我国有机农业的实际销售份额较低，全球有机产品销量的 96% 集中在北美和欧洲，亚洲主要集中在日韩两国；而且我国目前认证的有机产品主要是面向国际市场，国内有机食品消费水平很低，只有发达国家的 10% 左右。随着居民收入水平的提高，对食品质量安全和环境问题的重视，有机农产品在国内消费潜力巨大。

随着世界经济一体化进程的加快，我国加入 WTO 后，在贸易壁垒逐步取消的情况下，"绿色壁垒"成为我国农产品出口的最主要障碍（黄国勤，2008）。近几年，我国农产品由于质量安全方面的原因在国际市场上屡屡受挫，如欧盟从 2000 年起提高对杀螨农药硫丹在茶叶中的残留限量标准，使得当年重庆红茶出口量锐减三成；2002 年日本对中国出口的紫菜采取非关税壁垒，使得大批中国紫菜无法直接进入日本国内的消费市场；2003 年，日本以农药残留超标、抗生素等问题为理由对我国蔬菜实行多种限制，使大批出口企业蒙受巨大经济损失。我国农产品出口屡屡受挫的内在原因就是农产品质量不过关，因此，大力发展有机农业是我国农产品出口创汇的重要措施，也是拓宽我国农产品贸易"绿色营销"之路的重要突破口。

综上所述，无论是应对国内居民消费升级、食品质量安全和生态环境倍受重视的需要，还是提高国内农产品的国际竞争力，大力发展有机农业都是提升中国农产品整体水平的有效途径。因此，研究中国有机农产品市场供需及发展策略具有重要的理论和现实意义。

1.2　问题的提出和研究目标

1.2.1　问题的提出

近年来，中国农业在取得辉煌成绩的同时，中国大部分地区农业发展模式还很粗放，存在资源消耗大、浪费严重、污染加剧等突出问题。居民食物消费结构也发生了显著的变化，从追求"食物的量"逐步过渡到追求"食物的质"，从"吃饱"到"吃好"转变。再加上国内外频繁发生的食品安全事件使得人们不得不对常规农业发展模式的可持续性进行反思，并不断对各种替代农业进行探索，努力寻求环境友好、质量安全、可持续的农业发展模式。在这种背景下，有机农业逐渐受到了人们的关注，成为众多替代农业中发展最快的一种农业发展模式。

　　"有机农业"一词最早出现在 1940 年 Lord North Bourne 的著作《回望大地》(*Look to the Land*) 中，事实上，有机农业是传统农业的理论和精髓的传承，我国农民自古以来就有使用堆肥、沤肥等农家肥的良好习惯，而且有着丰富的物理、机械、生态技术防治病虫害的经验，传统的农耕文化与技术为我国有机农产品的发展提供了有力的技术支持。在我国，按认证等级划分，农产品分为普通、无公害、绿色和有机四个等级，有机是食品质量认证的最高级别，它的发展状况在一定程度上可以反映城乡居民的生活质量水平。然而目前我国有机农业无论是在发展规模、发展水平，还是在整体效益上与发达国家都存在很大的差距，存在着有机农产品国内市场发育不成熟、有机农产品鱼龙混杂、消费者对有机食品的认知和接受程度不高等问题。

　　因此，要推动中国有机农产品市场健康持续发展，必须弄清楚以下几个问题：

　　(1) 有机农产品在中国的发展现状及趋势是怎样的？

　　(2) 除了满足出口的需要，有机农产品在国内的消费状况及潜力是怎样的？

　　(3) 有机农产品生产效率怎样，农民可以通过有机农业实现增收吗？

　　(4) 我国有机农产品市场生产、消费与流通之间存在哪些矛盾及解决途径有哪些？

　　(5) 我国认证认可制度对有机农业的规范发展起到了哪些作用？存在哪些问题？

1.2.2　研究目标

　　基于以上的疑问，本书研究拟达到的总体目标为：通过借鉴国内外相关研究成果，结合国内有机农产品市场的实际情况，从研究中国有机农产品生产、消费、流通等方面出发，提出有利于促进中国有机农业健康快速发展的政策建议和制度安排。

围绕总体目标，研究重点有以下四个方面：

（1）通过实地调研，摸清有机农产品生产者生产成本、收益及面临的主要风险，并提出合理防范市场风险，增加收益的措施。

（2）通过对北京、上海、广州、哈尔滨四个城市消费者的调研问卷，分析消费者对有机食品（有机蔬菜）的认知和接受程度，并对其支付意愿进行测算。

（3）以案例分析的方式，找出各种有机农产品生产经营组织方式的区别及优劣势。

（4）对目前我国农产品市场流通机制进行分析，探寻能保证有机农产品供给和满足国内有机农产品消费需求的高效、安全的流通方式。

1.3 研究方法和技术路线

1.3.1 研究方法

本书在实地调研、文献搜集与分析的基础上，综合运用经济学、农业经济学、计量经济学、区域经济学等原理，采用定性分析与定量分析相结合、宏观分析与微观分析相结合等方法，在借鉴国内外相关领域已有研究成果的基础上，系统地对有机农业理论基础、国内外发展现状以及有机农业在农民增收中起到的积极作用进行分析，重点是通过实地调研对有机农产品生产、加工、消费、流通等环节进行研究，最后提出促进我国有机农业发展的政策建议。

（1）文献研究法。为了解有机农业在国内外发展的历史与现状，摸清有机农产品在生产、消费、流通等各个环节的发展特征与问题，在本书写作的过程中，先后查阅了国内外大量相关的资料和文献，并在此基础上进行分析、综合、比较和归纳，得到了本书研究的理论支撑。

（2）问卷调研法。本书采取实地问卷调研的方法，在对有机农产品消费的研究环节中选取北京、上海、广州、哈尔滨四地进行调研；在对有机农产品生产组织形式的研究环节中选取内有机农业种植基地、加工企业和农民专业合作社进行调研；在对有机农产品流通机制的研究环节中选取北京的超市、直营店、农场进行调研。通过实地问卷的调研方法，得到了关于国内有机农产品生产、消费、加工、流通等环节的一手数据和资料，为本书提供了真实、实时、准确的数据支持。

（3）计量经济分析法。在资料分析和实地调研的基础上，研究把定性分析和定量分析相结合，运用计量经济分析方法和计量分析软件对采集到的样本数据进行分析，使研究内容更加充实，也使研究得到的结论更加直观和客观。

1.3.2　技术路线

本书的技术路线如图 1 - 1 所示。

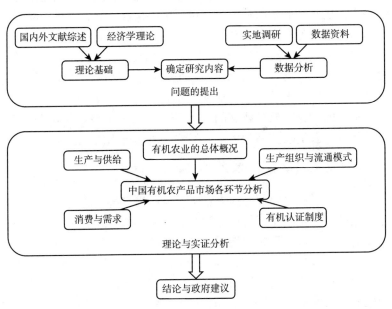

图 1 - 1　技术路线

1.3.3 数据来源

本书分析关于国内外有机农产品面积、产量等方面的数据来自中国绿色食品发展中心《绿色食品统计年报（2010－2012）》、FAO 数据库、IFOAM《世界有机农业：数据及发展趋势（2010－2013）》；关于消费者消费行为、消费方式，生产者成本投入、产出，有机农产品市场价格等方面的数据均为本书实地调研取得，其他数据来源会在书中另注说明。

1.4 研究范围和相关概念界定

1.4.1 研究范围

广义农业是指包括种植业、林业、畜牧业、渔业、副业五种产业形式；狭义农业是指种植业，包括生产粮食作物、经济作物、饲料作物和绿肥等农作物的生产活动（中国大百科全书总编辑委员会，1990）。农产品广义上是指来源于农业的初级产品（不包括经过加工的各类产品），即在农业活动中获得的植物、动物、微生物及其产品；狭义上是指仅包括种植业的产品。

本书的研究对象是狭义的农产品，即仅限于粮食作物和蔬菜，研究重点是有机农产品的生产、消费、流通行为。

1.4.2 相关概念界定

学术界对有机农业有很多定义，目前没有统一的概括。有机农业一般被认为是采用不使用化肥和农药的耕作方式的农业，这样的定义简单、直接，但它忽视了有机农业的精髓，不能说明有机农业的本质，也容易给人们造成认识上的误区。标注"有机"的产品是采取有机生产方式生产的产品，这种有机生产方式需要通过认证（单吉堃，2008）。"有机"实际上是一个标准化、规范化的生产过程，而不是产品本身的概念。

在开展研究前，需要了解有机农业、有机产品的概念，同时把有机、无公害、绿色等相似概念进行区分。

1.4.2.1　有机农业

国际有机农业运动联盟（IFOAM）把有机农业描述为"一种可以维护土壤、生态系统和人类健康的生产系统。它遵从当地的生态节律、生物多样性和自然循环，而不依赖会带来不利影响的投入物质。有机农业是传统农业、创新思维和科学技术的结合，它有利于保护我们所共享的生存环境，也有利于促进包括人类在内的自然界的公平与和谐共生"。有机农业遵循的是健康、生态、公平和关爱的原则。

美国农业部（USDA）下设的国家有机标准服务局（NOSB）在1997年将有机农业定义为"一种生态产品管理系统，它促进和加强了生物的多样性、生物周期性和土壤的生物活性。有机农业是基于最低限度地使用非农投入和坚持保护、维持和加强生态和谐的管理措施。有机农业的最主要目标是优化健康和保证土壤寿命、动植物和人类三者之间作为相互依存的整体的生产力"。

欧盟（EU）给有机农业下的定义是"通过使用有机肥料和采取适当的耕作和养殖措施，以达到提高土壤长效肥力的系统。在有机农业生产过程中，仍然可以使用有机肥料和有限的矿物质，但禁止使用化学肥料。而且通过自然的方法而非化学物质控制杂草和病虫害"。

我国国家认证认可监督管理委员会编制并发布的新版《有机产品认证实施规则》和新版《有机产品国家标准》中将有机农业定义为"遵照特定的农业生产原则，在生产中不采用基因工程获得的生物及其产物，不使用化学合成的农药、化肥、生长调节剂、饲料添加剂等物质，遵循自然规律和生态学原理，协调种植业和养殖业的平稳，采用一系列可持续的农业技术以维持持续稳定的农业生产体系的一种农业生产方式"。

从以上分析可以看出，不同国家，不同组织对有机农业作的定义不尽相同，但所概括的有机农业的核心和精髓是一样的——充分发挥农业生态系统内部的自然调节机制。

1.4.2.2　有机产品

有机产品通常是指来源于有机农业生产体系，按照有机产品标准生产、加工、销售的供人类消费和动物食用的产品。有机产品包括有机食品、有机饲料、有机林产品、有机纺织品、有机皮革、有机化妆品等（杜相革等，2005）

1.4.2.3　转换期

根据有机产品国标的定义，转换期是指"从按照有机标准开始管理至生产单元和产品获得有机认证之间的时段"。由常规生产向有机生产发展往往需要经过转换，经过转换期后播种或收获的植物产品或经过转换期后的动物产品才可作为有机产品销售。生产者在转换期间需要完全符合有机生产要求。

1.4.2.4　有机农业与传统农业、生态农业等的比较

有机农业不等同于传统农业。中国有着数千年悠久的农耕历史，这为有机农业的发展积累了宝贵的经验，也为其夯实了基础，传统农业的生产技术和措施，如堆肥、除草、灌溉等仍然可以应用到有机农业中去，但有机农业与传统农业两者不能简单地画上等号，相比较而言，有机农业生产利用了许多现代科学技术，包括抗性品种的选择，设施农业技术，轮作、间套作技术，微灌、滴灌技术等，同时也融入了有机废弃物处理技术和现代质量管理体系，它是传统农业与现代科技、创新思维的结晶。

有机农业与生态农业、自然农业也有所区别。有机农业、

生态农业（或生态友好型农业）和自然农业三者也经常容易被人们混淆。一般来说，一种生产方式是否能称为"有机"，需要相关认证，也需要法律法规加以规范，生态农业和自然农业在生产过程中虽然也有可能采用一些有机方式，但并不能保证生产完全遵从有机生产标准，也有可能像常规农业一样投入合成化学品。

1.4.2.5　有机食品与无公害食品、绿色食品等的比较

在我国，农产品按照认证级别的不同分为普通、无公害、绿色和有机四个层次，其中无公害、绿色和有机一般称为"三品"（见表1-1），是我国安全优质农产品的基本类型，有机食品是农产品认证的最高层次。无公害食品和绿色食品是我国特有的概念，国家《农产品质量安全法》中对无公害产品的定义是指使用安全的投入品，按照规定的技术规范生产，产地环境和产品质量符合国家强制性标准，并使用特有标志的安全农产品。无公害食品标准是对农产品质量最起码的要求，是市场准入的基本标准，突出对食品安全的控制，这类产品在生产过程中允许限量、限品种、限时间地使用人工合成的安全的化学农药、化肥和饮料添加剂。按照《农产品质量安全法》的定义，绿色食品是指在无污染的生态环境中种植及全过程标准化生产或加工的农产品，严格控制其有毒有害物质含量，使之符合国家健康安全食品标准，并经专门机构认定，许可使用绿色食品标志的食品。从上述释义来看，绿色食品既突出安全控制，又强调产品的优质与营养，可以说无公害农产品是绿色食品发展的基础，绿色食品是在无公害农产品基础上的进一步提高（樊红平等，2005）。绿色食品分为A级和AA级，AA级绿色食品与有机食品含义很相近，并且生产过程都需要有转换期，区别在于有机食品是国际性的概念，标准并不分级。有机食品不仅强调食品安全，更突出追求保护生态环境和生物多样性。

表 1 - 1　　　无公害产品、绿色产品与有机食品的主要区别

分　　类	认证	质量管理体系	添加化学合成物	使用转基因技术	产品追溯	转换期
无公害产品	√		√	√		
绿色食品（A 级）	√		√	√		
绿色食品（AA 级）	√			√	√	
有机食品	√	√			√	√

1.4.2.6　非认证有机农业和有机认证农业

非认证有机农业区别于有机认证农业，是指符合有机生产标准，但没有经过有机检查、认证和标签的农业。两者的相同点在于生产者和经营者都遵从有机标准，区别在于后者经过了权威机构的认定，受法律法规的约束和保护，而前者则没有。人们在认识非认证有机农业时也会有这样一个误区，会把一些由于支付能力低而不使用无机肥、化学除草剂和杀虫剂的农业系统与非认证有机农业等同起来。有机生产标准要求生产者或经营者保护、恢复和增进自然过程，并以符合自然规律的方式保护作物。而这类粗放的农业系统的生产能力很低，而且很容易成为有害杂草、害虫和疾病的避难所（单吉堃，2008），显然也不符合有机生产标准。

1.5　发展有机农业的意义

1.5.1　推动农业可持续发展

有机农业不使用化学合成的农药和化肥，注重利用农业系统内部的物质能源，提倡采取轮作、间作、土壤培肥等农艺措施进行农业生产，节约能源和保护自然资源。有机农业在发展农业提供丰富农产品的同时，兼顾对生态环境的保护。发展有机农业可以降低不可再生能源的消耗，减轻农业发展对环境的压力，有利于生态环境的修复。

1.5.2　有助于提升食品质量安全

食品的安全程度取决于不同的生产方式和标准，影响食品安全的因素主要包括农兽药残留、亚硝酸盐、重金属和致病菌等。有机农业在生产过程中严禁使用化学合成和含有转基因成分的投入物，从源头上预防了人工合成投入物残留所导致的潜在威胁性，奠定了有机食品健康和安全的基础。

1.5.3　有利于农民增收和农村剩余劳动力转移

从长期来看，随着我国居民收入的提高和对食品质量安全的关注，国内更多的消费者会选择购买有机食品，国内消费市场会逐渐打开和繁荣，从事有机农业生产的农户可以得到比常规农产品生产更高的溢价。有机农业的发展通过对生物多样性的提高和生态环境的改善，还可以帮助农民增加收入来源，如采集野生植物、发展生态旅游业等。作为欧洲生态农业发展的典范，波兰政府通过发展有机农业来促进生态旅游业的发展，已取得了很好的效果。

同时，由于有机农业生产需要投入更多的劳动力，会创造更多的就业机会，有利于解决农村剩余劳动力转移的问题，帮助小农户生存和发展，减轻农村人口向城市转移的压力。

1.5.4　提高我国农产品在国际市场上的竞争力

我国的有机农业标准被国际社会认为是全球最严格的有机标准之一（IFOAM，2013），虽然各国制定的有机农业标准不尽相同，但其核心和框架是一致的，在此背景下，我国有机农产品相较于普通农产品，更易与国际接轨和得到国际市场的认可。

1.6　国内外文献综述

一个完整的农产品市场包含生产、消费、流通等环节，有机农产品市场也不例外，而且相较于普通农产品，有机农产品市场多了认证这一重要环节，本书的研究综述将按生产、认证、消费、流通这样的结构进行概述。

1.6.1 有机农产品生产及生产者行为研究

国内学者对有机农产品生产方面的研究多以分析有机生产技术为主（余善明，2002；郭春敏等，2005；陈声明，2006；吴大付等，2007；张志恒，2012），而从宏观方面对有机农产品生产者行为的研究较少。对有机农业生产方面的分析大多数集中在农户收入、劳动力转移、转换期风险等方面的分析（包宗顺，2000，2002；尹世久等，2008，2013；陈森发等，2009）。如包宗顺（2002）通过实地调研比较了常规农业与有机农业在物质投入、劳动力投入、单位面积产量、销售价格和收入等方面的差异，分析了有机农业生产方式对农村劳动力利用和农户收入的影响。尹世久等（2008）通过构建有机农产品供需决定模型来预测有机农产品价格的全球走势，分析了有机农业发展对农民增加收入的影响。陈森发等（2009）通过建立动态规划模型来研究有机食品生产基地的劳动力转移情况，提出了有机食品生产基地劳动力调研的动态优化方案，并指出农业生产的"公司化"或"农场化"是未来农业生产经营组织方式发展的方向。

国外学者对有机农产品的生产及生产者行为也进行了广泛研究，如 Unwin（1990）研究了在减少物质资料投入条件下的有机农业系统的生产潜力问题。国外一些学者也通过实地调查的方法对不同品种的有机农产品，如对希腊的有机橄榄生产（Vangelis Tzouvelekas et al.，2001）、西班牙的有机柑橘生产（Juan Fco et al.，2006）、中美洲的有机咖啡生产（Bernard Kilian et al.，2006）的生产技术效率进行测算。国内外学者已经认识到在生产成本尤其是劳动力成本和土地成本对有机农户收益挤占的情况下，有机农业生产者能否获得更高的溢价，取决于能否在现有技术水平下提高生产技术效率（尹世久等，2008；Vangelis Tzouvelekas et al.，2001；
Muller，1974；Shapiro and Muller，1976；Birkhaeuser et al.，1991），
而国内研究主要是对有机农业生产状况进行描述性归纳和分析，仅
有极少数研究涉及生产效率方面，例如，张新民等（2010）分析
了有机蔬菜和有机水稻的生产技术效率，并找出了部分影响因素，
但并没有比较不同种植规模对生产技术效率的影响。

1.6.2　有机农产品消费者行为研究

消费者行为是市场营销研究的重要领域之一，消费者购买行为
是消费者购买商品的活动和与这种活动有关的决策过程（纪宝成
等，2008）。与有机生产者行为的研究相比，对有机农产品市场消
费者行为的研究更为广泛。国内外大部分学者认为有机食品的高价
格是影响消费者购买行为的主要因素。徐文燕（2003）认为发达
国家的消费者收入稳定、环保意识较强，对有机食品的需求较大。
陈永福等（2006）的研究表明，有机蔬菜过高的价格限制了消费
者数量的增加，并且受国内居民购买力的限制，有机蔬菜在国内的
市场拓展还需要一定的时间。叶燕（2007）对比了消费者对有机
茶和普通茶的态度，发现多数消费者认为有机茶比普通茶要更安全
健康，但受到收入的限制，对有机茶的购买意愿并不强烈，同时，
消费者性别和学历因素对其购买行为影响也较大。Pedro A. 等学者
通过对 2004 年美国家庭对有机牛奶和普通牛奶的消费数据分析，
发现价格是家庭是否选择购买有机奶的关键因素。杨东群和李宁辉
等（2012）通过对北京、上海、广州、哈尔滨四个城市的消费者
对有机食品的认知及购买行为进行调研分析，认为国内消费者对有
机食品信任度不高，而且有机食品给消费者留下的印象不是安全、
健康、营养，而只是价格高。Kriwy 等对德国有机消费者的随机样
本数据进行分析，发现消费者的收入影响了其对有机食品的消费数
量，并且有机食品购买行为与消费者年龄之间呈倒"U"形的
关系。

1.6.3　有机农产品市场和贸易发展研究

张爱国（2006）探讨了有机农业产业化和小农户组织化的问题，认为发展有机农业要与生产规模平衡发展。一些学者（张星杰，2004；陈连武，2005；方志权，2006；李静，2006）分析了国内有机农业在上海、内蒙古、新疆和北京等不同地区的发展现状，并针对资源环境、发展潜力、市场前景等问题进行分析，做出了进一步发展的对策和建议。沈善奎等（2006）阐述了中国有机农业发展现状，指出在我国发展有机农业的必要性及面临的问题，并提出了加强有机农业生产和认证体系建设、规范有机农产品的市场准入制度和加强有机农产品生产和认证体系建设等方面的措施。马卓（2006）从我国有机农业发展的实际出发，指出了有机农业发展在政策、技术等方面面临的问题，并从政策扶持、市场开拓、技术推广等方面提出了现阶段促进有机农产品市场发展的宏观策略。

鲁德银（2004）认为有机食品是优化出口市场结构的关键。中国现阶段已具备发展有机农业生产和贸易的潜在优势（李正明，2002），同时发展有机农业也是有效防范国际贸易中非关税壁垒的有效途径，更成为提高中国农产品出口竞争力的新的突破口（陆海燕等，2007）。因此，中国应该加强认证与国际接轨、加大研发投入、增进规模效益、搭建市场信息平台，以此加强中国有机食品出口竞争力（孙璐，2007）。

1.6.4　有机农产品市场风险研究

农产品市场近似于完全竞争市场，农产品市场风险是农产品生产经营者面临的主要风险。农业的弱质性、农产品供求的变化、农户组织程度低下、流通渠道环节过多、国际农产品市场价格的影响等是我国农产品市场风险产生的主要原因（王川，2011）。研究者们提出可以通过风险预警机制、依靠期货市场、建立农业保险补偿制度、搭建新型信息平台等措施来防范农产品市场风险（潘洪刚等，2008）。

国内外学者对农户在有机农业转换期所面临的风险也进行了深入研究。在有机农业生产的转换期，农户将面临巨大的风险（Kerselaers et al.，2007），这些风险主要有低产量风险、品种选择风险、总收益下降风险、有机认证风险、市场风险等（尚长风等，2009），政府可通过农业补贴政策来帮助农户抵御转换期的风险（潘永圣等，2004；Sartori et al.，2005）。

综上所述，国内外有关生态食品和有机农产品生产、消费、产业、贸易等方面的理论与应用研究的大量成果，为本书的写作提供了理论依据和研究基础，已有的研究方法为本书的深入展开提供了有效的工具。

然而，从已有的研究来看，关于生态食品或有机农产品的研究多局限于生产、消费、贸易等某一个孤立的环节，很少对整个产业体系有系统的理论分析与方法研究；对有机农产品生产技术和产品标准等技术层面的研究和论述较多，但从宏观经济方面对有机农产品市场分析较少。

1.7　创新点和不足之处

1.7.1　创新点

本书对有机农产品市场中的生产、消费、流通等环节，以及有机农产品的影响因素等方面进行深入和系统的分析，最后提出相关的政策建议，可能存在的创新点为：

（1）国内对于有机农产品市场的研究仅局限于生产、消费或流通的某个环节，而本书把有机农产品市场的生产、消费、流通等环节联系起来进行研究，更加具有系统性。

（2）国内对有机农产品市场的研究多以研究消费行为，涉及生产者研究的定量分析很少，本书在供给部分对有机农产品实际生产者的生产效率进行定量分析。

1.7.2 不足之处

（1）由于数据获取比较困难，本书的研究对象是狭义上的有机农产品，即种植业产品和蔬菜，对于有机畜产品和有机水产品等没有涉及，使得本书在反映有机农产品市场发展的整体情况方面有所欠缺。

（2）由于时间和调研的难度所限，本书对有机食品消费者行为的分析是基于支付和购买意愿基础上，并不是消费者的真实购买行为；对有机生产的调研只选择了有机蔬菜的生产者，对整个有机产业的代表性较差。

第2章 有机农业发展的经济学理论基础

有机农业是社会经济过程和自然生态过程相互联系、相互影响的经济有机体（杜相革等，2005）。在讨论有机农业发展的理论基础时，经常会涉及生态学、环境学等方面的内容，国家和地方政府发展有机农业的一部分目的是保护环境、提高农产品质量安全，但是从我国有机农业发展的实际情况来看，目前乃至今后，有机农产品生产和经营的主体都是公司或农户，另一头连接的是普通消费者，各级政府只是起到监督和扶持的作用。根据经济学假设，每一个公司或农户都是理性的，无论生产什么样的产品，根本目的就在于怎样在有限的资源配置下，达到成本最小化和利润最大化，因此，有机农产品生产者的主要目的是在于获取比常规农产品更高的商品溢价。有机农业的生产在产生利润的同时，可以减少农药化肥对环境的污染，改善环境，会产生正的外部性，这部分效益需要得到补偿才能使生产者继续扩大生产。同时，对于消费者来说，选择价格高于几倍于常规农产品，而自己无法判断与常规农产品有无差别的有机农产品，则需要生产者给予更多的产品信息揭示。因此本章从这两条主线来分析有机农业发展的经济学理论基础。

2.1 "经济人" 与外部性

2.1.1 "经济人" 与外部性理论

"经济人"也叫作合乎理性的人，是微观经济学的两个基本假设条件之一。"经济人"被视为经济活动中人的抽象，指的是在一切经济活动中，人们的行为都是合乎理性的，即都是力图以最小的经济代价去追逐和获得自身的最大经济利益（高鸿业，2000）。对于生产者来说，生产的目的及动力就在于如何在既定的资源配置下，实现成本最小化和利润最大化。

外部性是资源配置失当而导致市场失灵的主要情况之一，当生产或消费的某些外在影响未被包括在市场价格中，就会产生外部性（Samuelson，2003）。外部性用函数式可以表达为：

$$U_i = U_i(X_{1i}, X_{2i}, \cdots, X_{ni}, X_{mj}), i \neq j$$

式中，i 和 j 指不同的个人（或厂商），U_i 表示 i 的福利函数，$X_i(i = 1, 2, \cdots, n)$ 表示经济活动。函数式表明，只要某个经济主体 i 的效用除了受到自己的经济活动 X_i 的影响外，同时也会受到其他主体 j 的经济活动 X_m 的影响，就存在外部效应。

根据经济活动的主体不同，外部性可以分为"生产的外部性"和"消费的外部性"；根据效果的方向不同，外部性可以分为正外部性和负外部性。当一个生产者的经济行动对他人产生有利影响，而自己却不能从中获取补偿时，便产生了生产的正外部性（高鸿业，2000）。按正外部性程度的大小，可以分为一般正外部性和正外部性的极端情况——公共物品。正外部性的特点可以归纳为：不需要通过价格机制传递；具有消费的非排他性和不可分割性；会使他人的福利增加；正外部性的接受者无须付费。

一般而言，负外部性由于对社会福利会造成明显的损害，较正外部性更引起人们的重视，但是，正外部性同样存在着效率损失，在存在正外部性的情况下，生产者的利益水平通常低于社会所要求的最优水平。假定生产者采取某项生产行为的私人利益为 B_p，这种行为产生的社会利益为 B_s。由于存在正的外部性，一般来说，私人利益会小于社会利益，即 $B_p < B_s$。如果生产者因采取此项行为而导致私人成本 C_p 大于私人利益 B_p，小于社会利益 B_s，

即 $B_p < C_p < B_s$，则生产者一定会放弃这项生产计划，尽管从社会福利的角度看，该项生产行为对社会是有利的。此时，没有达到市场的帕累托最优状态，还存在帕累托改进。如果生产者采取这项生产行为，则损失为 $(C_p - B_p)$，社会上他人由此得到的好处为 $(B_s - B_p)$。

2.1.2　外部性内在化及其途径

由于外部性是一个经济主体的行为对其他经济主体的非市场性质的附加影响（范里安，2009），不通过市场机制发生作用，因此，在正外部性的传递过程中，正效应的发出者与接受者之间无法通过市场供求机制来反映真正的需求和供给。那么，为了达到市场的帕累托最优，就需要使价格机制重新发挥作用，将外部成本转化为内部成本，这一过程就是外部性的内在化。具体到生产者的正外部性内在化，就是使正的外部效益通过一定途径转化成生产者的私人收益，即从社会上他人得到的好处 $(B_s - B_p)$ 中拿出一部分来补偿生产者的损失 $(C_p - B_p)$，解决因缺乏激励导致的社会最优供给不足，从而减少因存在正外部性带来的效率损失，使资源配置达到帕累托最优状态。

现代经济学提出了三种解决外部性内在化的途径：一是通过企业合并的办法，将产生正外部性的企业与产生负外部性的企业进行合并，合并后的单个企业从自身利益出发都会将生产确定在边际成本等于边际收益的水平上，此时，企业的成本与收益与社会的成本与收益相等，资源配置达到帕累托最优状态。二是公共政策，主要是税收或津贴，即国家对造成负外部性的企业进行征税，所征的数额应与该企业给社会其他成员造成的损失相等，从而使企业的私人成本恰好等于社会成本。反之，国家对正外部性进行补贴，使企业的私人利益与社会利益相等。三是明确产权。产权不明晰是外部性产生的根本原因，如果产权是确定和有保障的，外部影响就不会发生。造成负外部性的企业或个人付出了代价，其私人成本与社会成本之间就不会存在差别。

（1）企业合并。当一个企业的生产影响到另外一个企业的时候，如果影响是正的，则第一个企业的生产就会低于社会最优水平；反之，如果影响为负，另外企业的生产就会低于社会最优水平。此时把两个企业进行合并，外部影响就会"消失"，即实现了内在化（马中，2006）。合并后的企业会在边际成本正好等于边际收益的水平上确定生产，此时不存在外部影响，该企业的成本收益与社会的成本收益相等，于是资源配置将达到帕累托最优状态。

（2）政府补贴。由于存在正的外部性，边际私人收益小于边际社会收益，两者之间的差额为边际外部收益。英国福利经济学家庇古认为，如果以社会总福利最大化为目标，通过政府补贴降低私人成本，使私人收益与社会收益相等，是将正外部性内在化的有效途径，政府的补贴金额应能抵消边际外部收益。庇古补贴理论核心在于激励创造者，关注正外部性制造者的福利（曼昆，2013）。这一理论被广泛应用于实际经济生活中，如国家对企业的科技创新行为给予补贴。

（3）科斯产权交易。经济学家科斯认为，产权不明晰是外部性的主要来源。根据"科斯定理"，只要财产权明确，并且其交易成本很小甚至为零，则无论最初将财产权赋予谁，市场均衡的最终结果都是有效率的。与庇古对正负外部性的不同解决办法——征税或补贴不同，科斯对外部性的正负影响不加区分，认为外部性内在化的基本途径就是明晰产权和允许交易，谈判和交易会自然纠正外部性造成的资源配置不当的问题。由此可见，科斯定理更强调的是发挥市场机制的作用，但与庇古否定市场机制的作用不同，科斯定理并没有否定政府干预的作用，当私人界定产权的成本很高，或是在产权界定后执行成本很高时，就有必要由政府界定产权，它实际上暗含着政府在正外部性内在化中的间接作用。

2.1.3   有机农业的正外部性效应

基于"经济人"的前提假设，有机农业生产者无论是农户还是企业，生产有机农产品的最终目标就是获取比常规农产品更高的溢价。有机农业在给生产者带来收益的同时，对生态环境和经济发展也存在正的外部效应。

（1）有机农业对生态环境的正外部效应。与常规农业的生产方式相比，有机农业的生态保护功能更加突出。在有机农业的生产体系中，强调利用畜禽粪便、豆科作物、绿肥和作物秸秆等有机废弃物作为土壤培肥的主要来源；通过作物轮作、倒茬、释放天敌等各种物理、生物和生态的措施来控制杂草和防治病虫害。有机农业的生产方式还能有效降低农业生产的碳排放，根据政府间气候变化专门委员会（IPCC）在 2007 年发布的一项评估报告显示，如果在全球范围内广泛采用有机农业，则能有效降低目前人类活动排放温室气体总量的 32%。因此，有机农业的生产方式，在给生产者带来经济收益的同时，也起到了提高资源综合利用效率、改善土壤质量、保护生物多样性和降低碳排放的作用。

（2）有机农业对经济发展的正外部效应。有机农业对经济发展的正外部效应体现在提高种养业内部循环、发展休闲农业和提升我国农产品国际形象上。一方面，有机种植业的发展需要大量有机肥，而有机养殖场的畜禽粪便是有机肥的极佳原料；另一方面，有机种植业产生的作物秸秆等有机废弃物可以直接作为有机养殖场的饲料来源，这样，在有机产业内部实现了物质循环，经济主体之间可以相互受益。有机农业的生产方式崇尚自然和"天人合一"，是对中国传统农耕文化的传承和发展，除了具有保护生态环境的功能外，也会给人们带来感官上的愉悦和享受，这也是在欧美等有机农业发展迅速的国家和地区，有机农业与旅游休闲农业相结合的主要原因。同时，我国是有机农产品的主要出口国，有机农产品在欧美、日韩等国家和地区广泛受到消费者的青睐，有机农产品出口有助于提升我国农产品的国际形象。

2.1.4 有机农业正外部性的内在化途径

有机农业的生产方式特点注定了生产者比常规农业生产要投入更多而往往产量更低，如果有机农业生产的正外部性得不到补偿，有机生产者的私人收益低于社会收益，长期来看，不利于有机农业的发展，因此，需要通过内在化补偿来激励生产者。

（1）有机农业正外部性的特征。有机农业私人边际成本为 MPC，社会边际成本为 MSC，由于存在正外部性，MPC > MSC，在图 2-1 中显示的就是私人边际成本线高于社会边际成本线，即总剩余 = 私人收益 + 外部效益 - 私人成本。从社会整体的利益角度来看，生产是有利的，但此时，私人的产量水平低于社会最优水平，给生产者造成的损失为 ABC 阴影部分，如果要使 Q_1 移动到 Q^* 的位置，使有机农产品的供给达到社会最优供给，就需要对生产者的经济活动进行补偿。

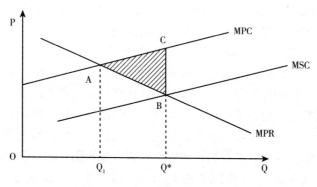

图 2-1 有机农业的正外部性

有机农业的正外部性具有以下三点特征：

一是公共性。有机农业对生态环境的影响使周边甚至全部的居民受益，生产者无法阻止人们享用这种效益，也无法对获取该效益的人们收费，同时，人们之间享用环境改善带来的效益是无差别的，也不具有排他性和竞争性。因此，有机农业的正外部性在某种程度上具有公共物品的特性。

二是无法量化。有机农业正外部性带来的多重影响，如对生态效益的国家形象的提升，对休闲农业发展的推动，等等，这些影响都是感性和抽象的，影响范围和程度都无法被精确计量。

三是同时存在于产业内。有机农业也可以实现产业内的物质能量循环，有机种植业和养殖业可以互享双方带来的正外部性。

（2）内在化途径。由于有机农业对生态环境、国家形象等的正外部效应无法量化，也很难进行产权区分和交易，所以科斯定理此时无法发生效用。针对有机农业正外部效应的内容及特征，可以通过以下两种途径实现内在化：

一是政府补贴。有机农业对生态环境的影响具有公共产品的特征，需要政府对有机农业生产者进行补贴，这也是欧美等发达国家政府发展有机农业的通用做法。我国有机农产品市场起步较晚，有机农业的生产标准要远高于常规农业，产量却低于常规农业，在产生正外部效应的情况下，如果生产者得不到补偿，不利于生产标准化的执行，从长期来看，也不利于有机农业的发展。政府补贴可以激励生产者的积极性，而且可以通过降低生产成本来促使其提供更多的供给，以达到社会最优供给。

二是合作或合并。有机农业在产业内产生的正外部性可以通过企业（农户）的合作或合并实现内在化。例如，有机种植业的企业（农户）与有机畜牧业的养殖企业（农户）之间可以进行合作，养殖户可以将有机种植业产生的秸秆等有机废弃物作为畜禽饲料，种植户可以利用有机养殖的畜禽粪便作为有机肥料。或者企业在充分发展后可以通过合并的方式将正外部性内在化。合作或合并适用于较大规模的企业或者是有机种养业在地域上相邻的农户。

2.2 不对称信息与信息揭示

2.2.1 不对称信息理论

市场上交易的不仅是商品，也会有信息（Stiglitz，2002），微观经济学从研究信息对经济活动的影响出发，将信息定义为"传递中的知识差"（谢康，1998）。市场活动中，经济的知识差是存在于信息源与用户之间关于市场或商品认知度的逻辑差，它表明经济信息存在的事实和度量。信息本质上是一种市场参加者的市场知识与经济环境中的时间状态之间概率性建构的知识差（乌家培，2001）。

信息广泛影响到家庭、企业和政府的决策行为过程。完全竞争模型假设市场供求双方对于所交换的商品具有充分的信息，即完全信息（或对称信息），但在现实经济中，信息通常是不对称的（高鸿业，2000；Stiglitz，2002）。不对称信息理论是由英国剑桥大学教授 James Mirleees 和美国哥伦比亚大学教授 William Vickery 分别于 20 世纪 60 年代和 70 年代在信息经济学中提出的重要理论，指在经济活动中，一些参与人拥有另一些参与人不拥有的信息，由此造成在不对称信息下的交易关系和契约安排的经济理论（乌家培，2001）。商品分为搜寻商品、经验商品和信任商品（Nelson，1970；Darby et al.，1973）（见表 2 - 1）。如果用户在购买时通过观察、触摸和掂量等行为可能直接了解商品特性，此商品为搜寻商品，如衣服等；而自身特性需要被用户使用一段时间后才能了解的商品为经验商品，如汽车等；信任商品是消费者在使用后仍然难以评估质量的商品，如医疗服务等。搜寻商品的属性是客观、可比较和判断的，其信息一般以直接的方式呈现，消费者可以直接或花较少的时间去获得和处理商品信息。相比之下，经验商品和信任商品的特征和属性是间接，不易被消费者掌握的。经验商品和信任商品的交易中，当一方掌握另一方所未知的信息时，此交易就处于信息不对称状态。此时，信息优势方为谋求自身利益往往会利用对方的"无知"而侵害对方的利益；信息劣势方由于有遭受利益损失的可能而怀疑对方。在这种情况下，双方交易很难达成，或者即使达成，效率也不高。

表 2 - 1　　　　不同商品的信息不对称程度、风险及解决途径

商品属性	度量成本		信息不对称程度	行为风险	获取商品信息的渠道
	购买前	购买后			
搜寻商品	低	低	低	低	广告、现场观察
经验商品	高	低	较高	较高	产品使用、试用
信任商品	高	高	很高	很高	品牌、权威认证、口碑

信息不对称按不对称发生的时间不同可以分为事前不对称和事后不对称，事前不对称是指信息不对称发生在当事人签约之前，如果发生在签约之后，则为事后不对称。由于事前信息不对称的存在，消费者对商品的需求量可能会随着价格的下降而减少，供给者对商品的供给量可能会随着价格的上升而增加，这时商品的需求或供给出现了异常，即引起"逆向选择"问题，对于市场机制来说，逆向选择的存在意味着市场出现低效率；事后非对称信息的存在则会引起"道德风险"的产生，道德风险指经济活动的一方（代理人）为达到自身利益最大化，损害另一方（委托人）效用的行为，它实际上是经济人针对自身隐蔽信息而采取的理性反应。道德风险的存在也会导致市场失灵。

2.2.2　信息揭示理论及其实现途径

在经济交易中，经营者了解商品或服务的质量，而消费者并不能完全知晓，生产者和消费者之间存在信息不对称。此时，消费者希望得到一定信息来辨别商品质量的好坏，解决信息不对称的一个有效途径就是经营者向消费者传递商品信息，这个过程就是信息揭

示。信息揭示理论建立在信息不对称理论的基础之上，最早由经济学家 Michael Spence 在 1973 年提出，指的是经济活动的一方（代理人）向另一方（委托人）真实地传递自身信息的过程。信息揭示理论的核心在于经济活动的参与者会根据自身的需要选择传递不同种类的信息（Spence，2002）。经营者通过信息揭示向商品特征传递给消费者，消费者会检验信息所反映的商品质量的真实和准确性。信息揭示理论反映了信号与商品质量的关系，解释了为什么一些信息是可靠的而另一些不是的原因，而且捏造信息的成本将高于伪造信息的受益（Donath，2007）。

在信息揭示过程中会产生诸多问题，例如，信息传递者（代理人）需要投入多少时间、精力和成本？而信息接受者（委托人）如何才能信任信息传递者发出的信息？理想的情况是信息揭示平衡，即信息传递者诚实地发出信息，同时接受者信任该信息。但实际情况并非如此，由于信息不对称的存在，信息揭示平衡的状态很难达到。

Spence 在 1973 年以劳动力市场为例，建立了信息揭示对就业选择影响的信息揭示模型，在模型中，潜在的求职者会通过获得相应的学历证书来向招聘者传递其胜任工作的信号。Spence 假定在劳动力市场上，一般情况下，招聘者愿意付更高的薪水给更优秀的求职者；同时假定求职者分为两类——"好的"求职者和"坏的"求职者，由于招聘者无法事先辨别求职者是好是坏，因此，求职者与招聘者之间存在信息不对称，而学历证书此时成为个人向公司传递能力信号的工具，可以缩小信息差。"好的"求职者倾向于提高受教育水平来提高其与职位的匹配度。在商品市场上也是如此，经营者也有"好"和"坏"之分，前者通过信息揭示向消费者准确传递不易观察到的真实的商品信息，这种行为是一种信息补偿的行为，有助于消费者更好地了解商品；而后者也向消费者传递信息，但信息不一定是真实的，也就是坏的出售者会欺骗消费者。

信息不对称按不对称发生的时间不同可以分为事前不对称和事

后不对称，同样的，信息揭示也可按发生的时间顺序划分，可分为事前揭示和事后揭示（Mavlanova et al.，2012），前者针对逆向选择，后者针对道德风险。

2.2.3 有机农产品市场的信息不对称问题

在传统农业时期，农产品中很少使用农药和化肥，人们可以通过观察产品的外观特征就可以确定其质量，此时农产品属于搜寻商品。但随着现代石油农业的发展，农药、化肥和添加剂大量使用在农业生产中，农产品的内在质量（如农药残留、微量元素污染等）有了很大的变化，人们很难再根据其外观推测其内在质量（王彩红等，2009）。从质量安全的角度来看，农产品由搜寻品转化成为经验品和信任品。

关于有机农产品的生产过程和质量信息，生产者掌握得最多，但消费者却无法知晓。有机农产品作为农产品的一个类别也属于经验商品和信任商品的范畴，首先，从外观还是使用来看都与常规农产品并没有太大区别，消费者很难一眼就能分辨出商品是有机的还是常规的；其次，消费者在购买有机农产品后，即使在使用了一段时间，也无法了解产品在食品安全和营养价值等方面的信息，而且也很难觉察出其与常规农产品的区别。由于有机农产品的商品特性，消费者与生产者（经营者）之间极易产生信息不对称问题。有机农产品属于经验品和信任品，消费者的决策购买风险较高，当消费者无法得到辨别有机农产品质量信息时，往往会采取两种措施来降低或避免风险损失：一是压低价格，要求按常规农产品价格购入；二是放弃交易。无论采取哪种措施都会导致市场效率低下，前者会使生产者（经营者）正常收益降低而不愿提供高质量的农产品，后者直接导致交易失败。由此可见，信息不对称影响了有机农产品的消费，造成市场萎缩，阻碍有机农产品市场的健康持续发展。

2.2.4 信息揭示理论在解决有机农产品市场信息不对称问题中的应用

为了成功地将商品销售给消费者，并获取高于常规农产品的溢价，有机农产品的生产者（经营者）会主动将商品信息传递给消费者，消费者在获得足够的信息后，愿意为有机农产品付出高于常规农产品的价格，这就是信息揭示的过程。活动经营主体在传递信息时需要支付足够成本，才能排除"坏"的生产者（经营者）的投机行为。结合有机农产品的特性，生产者（经营者）传递信息的主要做法有获取第三方认证证书、品牌化经营、鼓励消费者参与式体验等。

（1）获取第三方有机认证。有机农产品之所以区别于常规农产品的一个重要特征就是需要经过有机认证，这也是消费者可获取的判断有机农产品最直观、最简便的信息。生产者为了证明自己生产或加工的产品完全符合有机标准，会要求第三方检测机构来对产品进行有机认证。有机认证一方面可以证明有机农产品的有机生产或加工的真实性，起到激励生产者（经营者）的作用；另一方面可以约束生产者投机欺诈行为。通过第三方赋予的有机认证标识，消费者可以很简便地判断该产品是否为有机产品，进而决定是否购买。

（2）品牌化经营。有机农产品的品牌是有机生产者向消费者长期提供特定服务、保证商品品质的承诺，对于消费者来说，品牌是企业对有机农产品做出的质量保证；对于生产者，品牌具有明显的排他性、代表性，是企业形象的符号。消费者获取信任商品信息的重要途径就是通过企业的品牌。生产者（经营者）可以将有机农产品的生产特点和质量信息通过品牌传递给消费者，品牌化经营可以增强消费者对企业的信任感，是生产者向消费者传递信息的高级手段。

（3）鼓励消费者参与式体验。消费者无论在购买前还是购买后都无法了解有机农产品的生产过程，因此无法更深刻地体会有机农产品的高品质。生产者可以通过参与式体验来使消费者亲临生产现场，与生产者面对面交流，对重要的生产过程及品质控制都有更深入地了解。近年来国内外兴起的社区支持农业（Community Support Agriculture，CSA）和农夫市集就属于参与式体验活动。

通过对有机农业发展理论基础的总结与分析，得出以下结论：

第一，有机农业在给生产者带来收益的同时，对生态环境和经济发展也存在正的外部效应；关于有机农产品的生产过程和质量信息，生产者掌握得最多，但消费者却无法知晓，因此，有机农产品市场存在信息不对称问题。有机农业生产的正外部性和有机农产品市场中的信息不对称是造成有机农产品市场失灵的主要原因。必须解决这两个问题，才能实现有机农产品市场的健康持续发展。

第二，有机农业的生产方式特点注定了生产者比常规农业生产要投入更多而往往产量更低，如果有机农业生产的正外部性得不到补偿，有机生产者的私人收益低于社会收益，长期来看，不利于有机农业的发展，因此，需要通过内在化补偿和激励生产者。一是通过政府补贴来激励生产者的积极性，从而降低有机生产者的生产成本来促使其提供更多的供给，以达到社会最优供给；二是通过种养殖企业合并的方式将正外部性内在化。

第三，信息揭示可以解决有机农产品市场信息不对称问题。活动经营主体在传递信息时需要支付足够成本，才能排除"坏"的生产者（经营者）的投机行为。结合有机农产品的特性，生产者（经营者）传递信息的主要做法有获取第三方认证证书、品牌化经营、鼓励消费者参与式体验等。

第3章 有机农业发展的历史、现状和趋势分析

目前，有机农业在全球 164 个国家都有不同程度的发展，在耕地面积和消费中的比重都在不断增长。有机农产品市场不仅在欧洲、北美、日本等发达国家和地区受到广泛关注，在包括中国在内的许多发展中国家也得到了快速发展。

3.1 有机农业的产生与发展

3.1.1 有机农业的起源

在过去的一个多世纪里，现代农业飞速发展，随着农业机械化、集约化和化学化程度的不断提高，农业生产能力得以全面提升，但同时水资源紧缺、土地退化、生物多样性减少等生态环境问题也日益凸显：化肥、杀虫剂、除草剂等化学品的大量使用导致水资源污染、植被破坏、土壤板结退化；种植业和畜牧业快速发展产生的面源污染；大面积推广现代品种种植引起的生物多样性减少等。石油农业高消耗、大量生产、高污染的生产方式使资源环境矛盾的日益加剧，也使人类食品安全和身体健康受到威胁，人们开始寻求一种节约能源、保护生态平衡和生物圈良性循环的崭新的农业生产方式（宋敏等，2010）。

在此背景下，有机农业作为石油农业的一种替代方式应运而生。20 世纪 40 年代，英国植物病理学家 Albert Howard 在其经典著作《农业圣典》中提出了有机农业的思想。在此思想的影响下，

美国人 J. I. Rodale 建立了世界上最早的有机农场"罗岱尔农场"，开始有机农业的实践和研究。1972 年，全球第一个涉及有机农业的非政府组织国际有机农业运动联盟（IFOAM）在欧洲成立，标志着全球有机农业进入规范发展阶段。IFOAM 目前拥有分布在全球 120 多个国家的近 800 个会员。经过近半个世纪的发展，从 20 世纪 80 年代开始，有机农业开始得到美国、德国等发达国家政府的重视，在政策上给予从事有机农业生产者补贴和支持，有机农产品也广泛地被各国消费者接受。

3.1.2　有机农业的发展历程

有机农业的发展历程按照其产生和发展的时间顺序，可分为萌芽、扩展和增长三个阶段。

（1）萌芽阶段（1900～1969 年）。1909 年，时任美国农业部土地管理局局长的富兰克林·金通过对中国、日本和韩国三国农业的实地考察，发现了东亚农业模式与美国农业发展的区别，撰写了《四千年农夫》一书，介绍以中国为代表的东亚三国的传统农业，并提出借鉴东方永续性传统农业方式来发展现代有机农业的主张。1929 年德国的鲁道夫·施泰纳（Rudolf Steiner）发表专著《农业重建的精神基础》，并在其开设的"农业发展的社会科学基础"课程中，指出"人类作为宇宙平衡的一部分，其生存必须与环境相协调"，强调必须遵循自然平衡（Herrmann et al.，1991）。德国的普法费尔（H. Pfeiffer）将鲁道夫的理论应用到农业领域，并创立了"生物动力农业"。"生物动力农业"在 20 世纪 20 年代末的德国、瑞士、英国、丹麦和荷兰得到了广泛的发展。20 世纪 30 年代，瑞士的汉斯·米勒（Hans Mueller）创立了"有机生物农业"，以"保证农户在不依赖外部投入的前提下，独立进行生产"。1935 年，英国的霍华德爵士（Albert Howard）在总结印度农业发展的基础上出版了《农业圣典》，论述了土壤健康与动植物健康的关系，为堆肥奠定了科学基础。《农业圣典》成为指导有机农业发展的经典著作，霍华德也被认为是现代有机农业的奠基人。此时，在亚洲的日本，有机农业也开始萌芽。日本的冈田茂吉（Mokichi Okada）开创了自然农业，倡导在农业生产中遵循自然规律，实现人与自然协调发展，并主张通过增加土壤有机质而不是增加化肥和农药投入来提升产量。20世纪五六十年代，日本国内的环境和健康问题加剧，加速了自然农业的兴起和发展，自然农业技术纲要已成为日本有机产品标准的重要内容（沈德中等，1995；马世铭等，2004）。1939年，为区别于化工农业和传统农业，"有机农业"成为公认的术语被广泛采用。1940年，美国的罗岱尔创办了"罗岱尔农场"，开始了有机园艺的实践和研究。英国的鲍尔法夫人建立了有机农业实验室，开始对常规农业和有机农业方法进行比较研究。1943年，鲍尔法夫人的实验性方法促成了有机农业国际学术研究组织"土壤协会"的成立。1962年，自然主义的代表者雷切尔·卡森发表《寂静的春天》，书中对化学农药给环境造成的严重危害进行了严厉的控诉，促使人们对"石油农业"的生产方式进行反思。

（2）扩展阶段（1970～1990年）。在经历了长达半个世纪的探索和发展后，有机农业的理论研究和实践在全球范围内得到了认可和发展。20世纪70年代，由于生态环境恶化、生物多样性下降、人类疾病突发率上升等一系列环境问题引起了人们的反思，因此掀起了以保护生态环境为目标的替代农业思潮和模式。

土壤协会于20世纪70年代在国际上率先创立和使用有机产品的标识，并对其生产过程进行质量控制。1972年，国际有机农业运动联盟在法国成立，旨在促进全球各国之间进行有机农业的经验和信息交流。20世纪七八十年代，一些知名的全球有机农业研究机构，例如，法国国家农业生物技术联合会（FNAB）和瑞士有机农业研究所（FiBL）诞生，在规范和推进有机农业市场和研究上起到了积极的作用（马世铭等，2004）。从20世纪80年代开始，发达国家,如美国、德国、法国等开始对有机农业进行政策补贴和扶持。

(3)增长阶段(1990年至今)。20世纪90年代开始,有机农业进入快速增长期,各国陆续颁布有机农业法律法规,政府与民间机构一起推进有机农业的发展。

1990年,全球最大的有机食品贸易协会——BioFach Fair在德国成立。1990年美国出台了《有机农业法案》,并成立了有机农业标准委员会(NOSB),实施有机农业国家项目(NOP),开始对有机农业进行补贴和扶持。1991年欧盟委员会通过《有机农业法案》(EU2092/91),此法案在1992年正式生效,并于1993年成为欧盟法律在15个国家实施。此后,澳大利亚、加拿大、日本等发达国家颁布和实施有机农业法规。1992年,"世界环境发展大会"通过了"21世纪议程",确立了可持续发展在全球经济和社会发展中的地位,进一步推动了有机农业的发展。1999年,IFOAM与联合国粮农组织(FAO)共同制定了"有机食品生产、加工、标识和销售标准",对规范有机农业的生产起到了积极作用,并为多个国家制定本国有机食品标准起到了示范和借鉴作用。

3.2 全球有机农业发展现状与趋势

3.2.1 全球有机农业发展现状

3.2.1.1 全球有机农业用地概况

根据有机农业研究所(FiBL)和国际有机农业运动联盟(IF-OAM)公布的调查数据显示,截至2012年年底,全球以有机方式管理的经过有机认证的土地面积约6850万公顷,包括非农业用地和农业用地,其中,3100万公顷属于有机野生采集、有机水产养殖、森林和非农业养殖用地,有机农业用地面积为3750万公顷(包括处于转换期的土地),见图3-1。

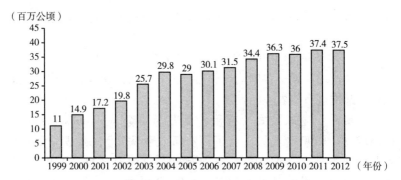

图 3 – 1　1999 ~ 2012 年全球有机农业用地面积

资料来源：FiBL，IFOAM。

从趋势来看，有机农业用地自 1999 年以来呈上升态势（见图 3 – 1），2012 年达到十四年来的最高点，年增长率达 2.12%。从洲际来看，大洋洲是有机农业用地面积最大的洲，有机农业面积为 1220 万公顷，占全球有机农业用地的 32.7%，其次是欧洲 1060 万公顷，占全球的 28.6%，接下来是拉丁美洲 690 万公顷，亚洲 370 万公顷，北美洲 280 万公顷，非洲 110 万公顷，具体占世界有机农业用地的比例，见图 3 – 2。

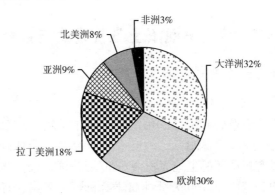

图 3 – 2　2012 年全球有机农业用地洲际分布

资料来源：FiBL，IFOAM。

　　2008～2012 年，大洋洲的有机农业用地基本维持在 1200 万公顷，欧洲、北美洲和非洲整体呈逐年上升趋势，欧洲有机农业用地的增加尤为明显，五年间增长了 290 万公顷，年均增长 2.8%。拉丁美洲和亚洲有机农业用地面积波动较大（见图 3－3）。从国别来看，全球范围内共有 164 个国家（2010 年为 162 个）拥有经过认证的有机农业，有机农业用地面积排名前三的国家分别是澳大利亚（1200 万公顷）、阿根廷（360 万公顷）和美国（220 万公顷）（见图 3－4）。从用途来看，有机草地/牧地面积为 2250 万公顷，占总有机农业用地的 63%，其次是一年生作物（主要是粮食、油料作物、青饲料、蔬菜等）面积为 750 万公顷，占总有机农业用地的 17%，多年生作物（主要是咖啡、橄榄等园艺作物）面积为 320 万公顷，占总有机农业用地的 7%。

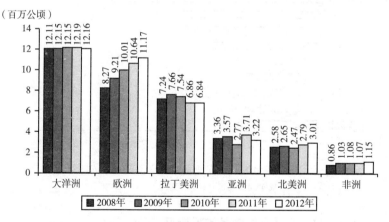

（百万公顷）

图 3－3　2008～2012 年全球有机农业面积洲际变化情况
资料来源：FiBL，IFOAM。

　　从有机农业用地面积占总耕地面积的比例来看，大洋洲和欧洲有机农业用地占有率最高，分别为 2.9% 和 2.3%。在 164 个国家中，有 10 个国家有机农业用地占有率的比例超过 10%（见图 3－5），但仍有 61% 的国家这一比率不足 1%。

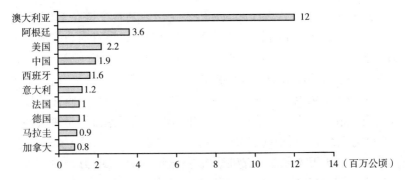

图 3 - 4   2012 年有机农业面积排名前十的国家或地区
资料来源：FiBL，IFOAM。

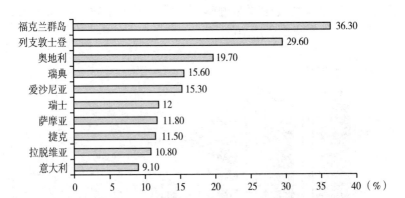

图 3 - 5   2012 年全球有机农业有地占有率前十名的国家或地区
资料来源：FiBL，IFOAM。

3.2.1.2   全球有机食品市场概况

（1）全球有机生产者概况。超过30%的有机农业用地（1080万公顷）和多于80%（约160万）的有机生产者来自发展中国家和新兴市场。根据 FiBL 和 IFOAM 的统计，截至2012年，全球有机生产者为190万（2010年为180万），主要分布在亚洲、欧洲、非洲和拉丁美洲，其中，亚洲、非洲和拉丁美洲三个洲有机生产者数量占全球有机生产者总人数的75%（见图3-6）。分国别来看，拥有最多有机生产者的国家分别为印度约 60 万人，乌干达约 19 万人和墨西哥约 17 万人（见图 3 – 7）。

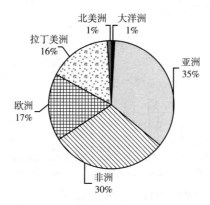

图 3 – 6　2012 年全球有机生产者洲际分布

资料来源：FiBL，IFOAM。

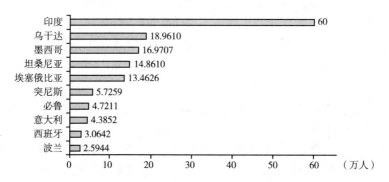

图 3 – 7　2012 年有机生产者数量前十的国家或地区

资料来源：FiBL，IFOAM。

（2）全球有机食品消费概况。与有机生产者分布的国家不同，有机食品消费市场主要在欧美等发达国家和地区。尽管全球经济增长放缓，世界有机产品的销售额仍然持续增长，据"有机观察"统计，2012 年有机食品（含饮料）的销售额达到了 638 亿美元，与 2002 年相比，市场约扩大了 172%（见图 3-8）。

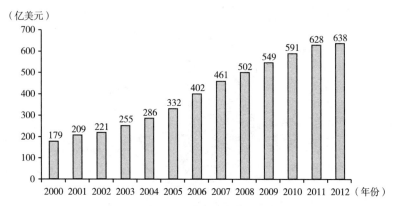

（亿美元）

图 3-8 2000~2012 年全球有机食品（含饮料）销售额
资料来源：FiBL，IFOAM。

虽然全球已有 164 个国家生产有机产品，但有机产品的需求主要集中在北美洲和欧洲，这两个地区的市场需求占到了全球整个有机市场的 96%，其他地区尤其是亚洲、拉丁美洲和非洲的有机食品生产主要以出口为导向。有机产品市场最大的国家多年来一直是美国、德国和法国，根据 FiBL 和 IFOAM 的统计，2012 年三个国家的有机产品市场销售额依次是 225.90 亿欧元、70.40 亿欧元和 40.04 亿欧元（见图 3-9），分别占全球份额的 35.2%、11% 和 6.3%。全球有机食品人均消费前三名的国家依次是瑞士（189 欧元）、丹麦（159 欧元）和卢森堡（143 欧元）（见图 3-10）。有机食品国内消费额占国内食品总消费额比例最高的三个国家分别是丹麦、奥地利和瑞士，市场份额分别为 7.6%、6.5% 和 6.3%。值得注意的是，由于我国有机认证主管部门统计的是有机农场和有机加工厂的销售额，FiBL 和 IFOAM 统计的是终端市场销售额，统计口径的不一致使得我国有机产品的销售额在 FiBL 和 IFOAM 统计中被缩小，因此中国不在 IFOAM 目前公布的有机产品销售额排名前十的国家之列，但根据 IFOAM 中国区总裁周泽江的推算，我国有机食品销售额可以排名全球前四位。

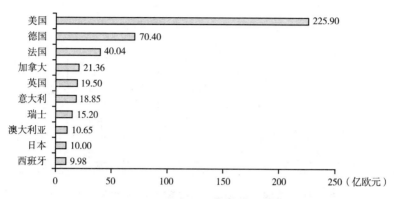

图 3 – 9　2012 年有机食品销售额前十的国家或地区

资料来源：FiBL，IFOAM。

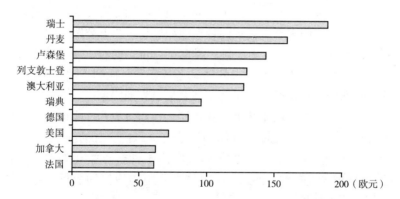

图 3 – 10　2012 年有机食品人均消费前十的国家或地区

资料来源：FiBL，IFOAM。

（3）全球有机蔬菜生产和消费概况。根据 FiBL 和 IFOAM 统计显示，自 2004 年开始对有机土地使用和有机作物种植进行统计以来，全球可统计的有机蔬菜的种植面积整体呈上升趋势（见图 3 – 11），九年间增加了两倍多，截至 2012 年，全球有机蔬菜种植面积为 24.5 万公顷，但绝对数较低，仅占全球总蔬菜种植面积的 0.4%。

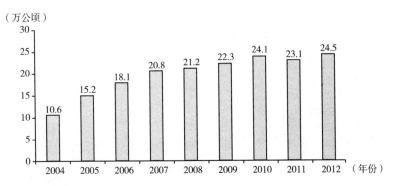

图 3 - 11   2004 ~ 2012 年有机蔬菜种植面积发展发展情况
资料来源：FiBL, IFOAM。

从国别来看，有机蔬菜种植面积最大的国家有美国、墨西哥和意大利，这些国家有机蔬菜的种植面积均超过 2 万公顷，其中美国有机蔬菜种植面积达 6 万公顷，排名第一位。而有机蔬菜种植占国内蔬菜种植总面积比例最大的国家是丹麦、奥地利、瑞士和德国，这些欧洲国家也是全球有机蔬菜消费量最高的国家。

从品种来看，由于数据可获得性，目前只有约一半面积的有机蔬菜有关于面积、品种等具体的种植信息，在已有的统计数据中，约 13% 的（3.1 万公顷）的土地面积用于种植豆类（如蚕豆、豌豆等新鲜豆类蔬菜）种植，其次是主要用作沙拉的块根、叶菜和块茎类蔬菜种植。

（4）有机农业促进组织的发展情况。1972 年，全球第一个涉及有机农业的非政府组织——国际有机农业运动联盟（IFOAM）在欧洲成立。IFOAM 目前拥有分布在全球 120 多个国家的近 800 个会员。IFOAM 对全球有机农业的贡献体现在三个方面：一是 IFOAM 制定的基本标准反映了当前有机农业生产和加工技术的发展水平，并且为全球范围内的国家或地区制订本国或地区的有机标准提供了框架和依据；二是 IFOAM 对有机认证机构进行认可，并且推动成员国之间的等效互认。1990 年，IFOAM 通过了成立认可项目的决议，旨在依据基本标准对有机认证机构进行认可，保证全球范围内有机认证的统一性和有效性。到 2000 年，已有来自不同国家的 12 个认证机构在 IFOAM 的促成下签订了多边协议，相互承认各自认证的产品；三是通过定期举办技术、贸易大会和博览会，促进全球有机农业的发展。IFOAM 成立以来每两年（2002 年之后改为每三年）召开全体成员大会，给来自世界各地不同国家或地区的从事有机农业的科研、生产、咨询、认证及贸易的人员提供了交流经验、互相促进的平台。并且 IFOAM 还举办各种国际有机农业研讨会，如每年在德国举办的有机产品博览会——Bio Fach 已成为全球有机食品行业最有影响力的集会。

一些重视有机农业发展的国家也开始通过一些组织机构来推动有机农业的发展，如德国的有机生产商中间商和零售商协会（BNN）、有机食品行业（BOLW）及其成员协会、生态农业基金（SOL）、有机农业研究所（FiBL）等。美国影响力较大的有机农业促进组织为有机贸易协会（OTA）和有机中心（The Organic Center），2013 年 OTA 建立了两个重要的网站，一是全球有机贸易指南网站（Global Organic Trade Guide），提供市场数据和地图工具，以便于使用者实时了解全球有机贸易动态，是全球第一个为有机生产者和经销商出口有机产品的公益性网站；二是"为了有机农业的更好发展联合起来"的网站，鼓励所有人参与到为有机农业献言献策的活动中，并通过填写调查问卷的方式向 OTA 进行意见反馈。2013 年，美国有机中心召集在有机领域内有影响力的 24 位科学家成立科研咨询委员会，并将研究聚焦在如何防治有机果园的疫病、减少有机种植的重金属含量、氮污染对有机稻米种植的影响以及如何促进有机农场的土壤健康上。

3.2.2　全球有机食品市场的未来走向及面临的挑战

有机农业在全球范围内蓬勃发展，英国最大的有机产品贸易商预测到 2020 年，有机市场全球贸易额将超过 1000 亿美元，其中美国与日本有机产品贸易的增量最大。据德国学者汉密教授高效能，有机产品市场年增长率为 20%～30%，在发展速度快的国家这一比率甚至能达到 50%。同时，人们对有机产品的认知度和接受度也会逐步增加，这也将推动有机产品的消费。根据 IFOAM 调查，欧洲、美国、日本等发达国家和地区的有机产品消费持续增长，如德国的婴儿食品正在逐渐转向完全有机化；发展中国家尤其是中国的国内有机市场份额也在逐年提高。

快速发展的同时，全球有机市场也面临诸多挑战：

首先是生产地和消费地的高度集中。有机产品的产地主要来自于亚洲、非洲和拉丁美洲的发展中国家，而消费地则集中在美国、欧洲等发达国家。发展中国家将以有机标准生产的大米、水果、蔬菜等初级产品出口到美国、欧洲等发达国家，这部分产品在满足发达国家本国消费后，一部分产品经过有机加工后又重新销售到发展中国家，这种方式加长了有机农产品的碳足迹，对环境产生不良影响，同时也增加了有机食品的消费成本（IFOAM，2014）。而且从长期来看，发展中国家劳动力成本低价的优势正在慢慢下降，同时发达国家的需求在短期内也难以迅速提升，这也是全球有机农产品市场发展进程中需要解决的难题。

其次是有机产品的国际贸易受到不同有机认证标准的阻碍。2012 年美国与欧盟签署了有机农产品认证互认协议，而其他国家和地区仍然被排除在此协议之外，这就意味着亚洲、拉丁美洲和非洲生产的有机产品仍需要经过美欧的多层认证标准鉴定，才能进入这些发达国家的有机进口市场。

最后是全球经济下行对有机产品消费的影响。自 2008 年金融危机以来，许多国家经济开始收缩，进入低迷发展期，全球有机产品市场的消费增长速度也因此放缓。虽然全球经济已回暖，相当一部分发达国家仍处于经济衰退期，在这些国家，收入水平的下降和失业率的上升正在影响有机产品的消费需求。

3.2.3　美国的有机农业及有机农业法案

3.2.3.1　美国有机农业发展历程

以保护生态环境和促进质量安全的农产品生产为主要目的的有机农业在第二次世界大战前就在欧洲、美国等发达国家或地区产生萌芽，20 世纪初尤其是 20 世纪 70 年代以来，有机农业在美、欧、日等发达国家或地区和以中国为代表的部分发展中国家得到了飞速发展。但多数发展中国家的有机农业以出口为导向，所以欧洲、美国、日本成为世界上主要的有机农产品消费市场。

美国在 20 世纪 40 年代就已出现"有机农业"的概念，受有机农业思想的启蒙，一些农场开始身体力行，1945 年，美国有机农业创始人罗代尔（Rodale）创办了 Rodale 有机农场。1990 年美国国会通过了"有机食品生产法案"，随后美国农业部在 1997 年制定了针对有机生产者、加工者和认证管理的有机食品标准。2002 年美国又颁发了新的有机食品标准，有机标准的建立和完善使美国有机市场迎来了迅速增长期。目前有机农业已成为美国农业发展最快的领域之一（钱静斐等，2014）。根据 IFOAM 统计，截至 2012 年年底，美国有机农业面积达到 217.8 万公顷，在全球排名第三位。但美国本土生产的有机农产品并不足以满足国内持续增长的有机农产品需求，2012 年其有机产品零售额占全球的 44%，为 2847.5 万美元，人均消费为 72.2 美元，是全球最大的有机产品消费市场；因此，美国从世界各地进口有机农产品以弥补供给的短缺，成为全球最大的有机食品贸易区。

3.2.3.2　有机农业在美国农业法案中的历史沿袭

自 1990 年"有机食品生产法案"颁布以来，美国政府逐步加大对有机农业的投入，对有机农业的生产者进行多层次的补贴和扶持。目前，有机农业已成为美国农业发展最快的领域之一。截至 2012 年年底，美国有机农业面积达到 217.8 万公顷，在全球排名第三位。美国也是全球最大的有机产品消费市场，据 IFOAM 统计，2012 年有机产品的零售额占全球的44%，为2847.5 万美元，人均消费为 72.2 美元。同时，美国有机食品贸易发达，是全球最大的有机食品贸易区。

美国农业法案是对美国政府农业和食物的所有政策法规的集合，是政府实施各种农业和食物项目的依据，具有纲领性和主导性的作用（Renee and Jim，2013）。自 1933 年第一个美国农业法案——《农业调整法》出台至今已有 82 年，在此期间每隔 5 年左右，美国国会都会对农业法案进行修订，使得法案能够适应新的经济和社会形势（彭超等，2012；蔡海龙等，2013）。到 2014 年《农业改革、食品与就业法案》为止，美国历史上共有 16 个农业法案出台（Renee and Jim，2013）。有机农业在美国法案历史上第一次出现是在 1990 年出台的《食品与农业贸易保护法案》中，此后的历次法案有关有机农业方面的内容都是基于 1990 年的法案进行修正和增减。

（1）有机农业政策的形成阶段。1990 年，美国国会通过了《食品与农业贸易保护法案》，法案全文的第 21 章内容为有机认证，一般称为"有机食品生产法案"（Organic Foods Production Act，OFPA），这是美国农业法案第一次对有机农业进行完整阐述。该法案授权建立国家有机项目（National Organic Program，NOP），通过建立国家有机生产和加工标准来规范有机产品市场运行；批准建立国家有机标准委员会（National Organic Standard Board，NOSB），要求制定列出有机生产和加工禁用物的国家清单（CRS Report，2006）。1995 年 NOSB 界定了有机农业、有机农产品等定义，并公布了有机农产品的通用标签。此阶段的美国有机政策的重点是为消费者购买有机农产品建立信心，增加有机产品的供给和品种，以及促进有机产品市场的规范，而不是对有机从业者的扶持，因此在 1990 年和 1996 年法案中没有开始对有机生产和加工者进行补贴。

（2）有机农业政策的初步发展阶段。在 OFPA 的基础上，经过长达十年的起草、征求意见和试行后，2000年美国农业部发布了"美国有机农业标准"，并且于2002年10月开始实施。美国政府加大对有机农业发展的支持力度，开始建立一系列有助于扩大有机生产者市场机会的项目，例如，扩大有机生产和市场研究、技术扶持和数据开发项目等，并给予各项目财政补贴。

2002年《农场安全与农村投资法案》提出建立有机产品市场数据项目和有机认证成本分摊项目，并鼓励通过包括国家农业图书馆在内的农业科研机构和经济研究机构开展有机农业研究的国际合作，免除完全有机生产者的市场推广费用。为解决国家有机标准在实施过程中遇到的问题，2006年7月国家有机农业标准得以修改，新标准于2007年7月开始实施。有机农业在发展中遇到越来越多的挑战，如对有机农业系统的研究和教育水平较低、有机农产品市场和有机农产品价格方面的数据很难获取、政府项目扶持缺乏等，为解决这些问题，2008年《食物、环保与能源法案》为有机从业者提供了更多获得政府扶持项目的机会，又增加对有机农产品市场数据项目和有机认证成本分摊项目的资金投入，并要求政府定期提交对有机农业的支出报告。

（3）有机农业政策的快速发展阶段。2008年农业法案在2012年9月到期后由于未能出台新法案，国会将2008法案延长一个财年（至2013年9月30日）（Renee and Jim，2013）。2013年6月和9月美国参议院和众议院先后通过了《2013年农业改革、食品与就业法案》和《2013年联邦农业改革和风险管理法案》，两个提案在政府削减预算的背景下仍然表达了对有机农业的强有力支持。在这两个提案的基础上，最终法案《农业改革、食品与就业法案》于2014年2月7日在总统奥巴马的签署下正式生效。在对1990年"有机食品生产法案"进行修改的历届法案中，以2014年的农业法案修改和补充的力度最大，它对有机认证成本分摊项目、有机数据项目、NOP、有机作物保险、OREI等各个项目都进行了修改。法案全文共分为十二章，在环保、研究、园艺、作物保险四个章节中对有机农业均有提及（Ralph，2014），内容突出以下四个方面：一是继续扩大对有机生产者和经营者在有机认证成本方面的资助；二是提高有机农业研究的资金支持；三是免除有机生产者在常规产品方面的营销支出，建立有机产品营销项目；四是提高有机农产品的作物保险，并且加强对有机农产品的监管力度。2014 年农业法案在有机农业上强制性支出为 1.68 亿美元，在历届法案中对有机农业扶持和补贴投入最高。

3.2.3.3　美国农业法案对有机农业发展的政策支持

美国农业政策的核心就是补贴支持，有机农业政策也不例外（唐其展，2004），随着国内有机农业的发展和繁荣，美国联邦政府对有机农业生产（加工）、销售（包括国际贸易）、研究和保险的投入不断提高。

（1）农业法案对有机农业的财政支持项目。有机农业的生产成本往往高于常规农业，尤其在转换期生产者会面临较大的生产风险以及消费者对有机食品的认知需要较长过程（Renee，2008），因此需要政府对有机生产者进行扶持，对消费者进行宣传。在自1990 年"有机食品生产法案"以来的农业法案中，美国政府主要通过以下项目和措施对有机农业进行不同程度的补贴（见图 3-12）。

第一，国家有机项目（National Organic Program，NOP）。在1990 年 OFPA 中授权建立国家有机项目，并要求颁布实施细则，因此美国农业部（USDA）于 2000 年 11 月颁布了 NOP 最终法案，该法案于 2002 年 10 月实施，法案明确 NOP 的职责是制定有机生产标准、规范标准实施，增加有机产品的供应量和种类，并且促进有机农产品的国际贸易。在此项目的推动下，美国有机认证标识正式得以确立和使用。

第二，有机认证成本分摊项目（National Organic Certification Cost-share Program）。为了减轻有机生产者和加工者有机认证的成本压力，鼓励有机农业的发展和有机认证的实施，美国农业部于

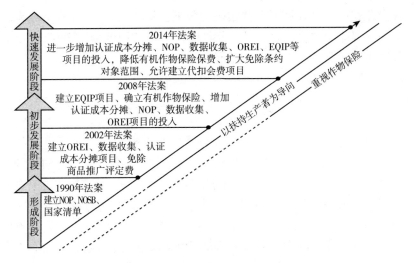

图3-12　美国农业法案中有机农业补贴的项目和措施

资料来源：根据历年美国农业法案相关内容整理。

2001年在作物保险参保率低的15个州设立有机认证成本分摊项目，项目资金由美国农业部下设的商品信贷公司（Commodity Credit Cooperation，CCC）承担。2002年农业法案规定此项目在全国范围内实施。2008年农业法案把此项目支付额从2002年的500美元/人/年提高到750美元/人/年，覆盖率达75%，已足以支付小型的有机生产者大部分的认证费用。

第三，环保激励项目（Environmental Quality Incentives Program，EQIP）。USDA规定，从常规农业到有机农业需要经过三年的转换期，期间需要严格按照国家有机标准进行生产。2008年《食物、环保与能源法案》认为有机农业是环境友好型农业的一种重要模式，生产者如果按照有机标准进行生产，政府应对这种环保行为予以奖励（不包括对有机生产的技术支持和对有机认证成本的分摊）。如果生产者对其产品不再进行有机认证或违反有机生产标准，这种支付就会予以取消。一部分州已开始通过EQIP项目对转换期农户提供补贴，但补贴率比较低。2008 年的法案第一次确定在全国范围内执行此项目，并且明确了补贴额度为从 2008 财年起每年 2 万美元或六年 8 万美元。

第四，有机产品和市场数据收集项目（Organic Production and Market Data Initiatives）。为降低有机产品价格发现成本，提高市场运行效率，也为有机生产者和加工者进行合理投资决策提供数据支持，2002 年农业法案要求 USDA 分类收集有机产品和市场方面的数据，并且开展有机生产、加工、区域分布、零售、消费者购买行为等方面的调研并形成报告。在此基础上，以经济研究局和国家农业图书馆为平台开放给有机生产者、研究者及国外的相关专业人士。2008 年农业法案规定农业部每年都需提交此项目的实施进展报告。在此项目的推动下，目前美国农业部已能做到定期发布有机产品价格，但由于有机产品大部分都是果蔬，种类极其繁多，造成了统计上的困难，所以价格统计还有待完善。

第五，有机农业研究和推广项目（Organic Agriculture Research and Extension Initiative，OAREI）。为更好地辅助有机生产者提高产量和促进产品推广，美国农业部授权在联邦一级开展有机农业研究，并为各州的合作研究和农业高等教育提供帮助。此项目主要致力于对有机农场包括产量、市场和社会经济方面的调研，以提高有机作物的遗传育种能力，以及探寻有机农业发展中来自市场和政策方面的制约因素。研究机构必须通过竞争才能获得有机农业研究项目的资助。2008 年法案对 OAREI 又新增了两项内容：一是研究有机生产行为对环境保护的影响；二是研究在有机生产中提高种质多样性和新品种的开发。2014 年新法案允许有机行业申请建立"代扣会费"①

---

① 代扣会费是指一些组织或机构向特定农产品生产者收取费用，用以市场营销及商品的研究活动，从而改善相关产品的市场地位。由美国农业部负责监督代扣会费组织的构成和运作。目前在美国实行代扣会费制度的组织有蛋类委员会、羊肉委员会、马铃薯委员会、棉花委员会等 16 个。

项目，通过向有机从业者收取会费，来进行专门针对有机农业的科研和产品推广活动。同时，法案规定有机从业者不用缴纳常规商品的代扣会费。

第六，有机作物保险（Organic Crop Insurance Provision）。20世纪90年代，农业部风险管理局（Risk Management Agency，RMA）就在着手开发有机作物险，但一直没有作为正式法案确立下来。出于为有机生产者弥补自然灾害（气候变化和病虫害）的损失，2008年农业法案确立有机作物保险项目，但由于有机作物投保的保费比常规农作物高5%，而且是按常规农作物的价格作为补偿定价，所以有机生产者的参保积极性不是很高。据USDA的统计，2010年，有机生产者参保率仅为13%，而同年一般农作物生产者的参保率已达24%。为提高有机生产者的参保率，2014年新法案规定以有机产品的价格为有机农产品受灾后的补偿定价依据，并且取消了附加保费。

第七，免除经过认证的有机产品的商品推广费（Exemption of Certified Organic Products form Promotion Order Assessments）。1996年的《农业发展和改革法》提出建立商品推广法，为农产品的推广、研究、产业信息和消费信息提供支持。在此框架下，农产品需要交纳商品推广评定费。2002年农业法案规定100%有机产品（且不生产非有机产品）的生产者免交商品推广评定费。2014年新农业法案规定获得有机认证的生产者即使同时也生产常规农产品，同样可以申请免交商品推广评定费。

（2）美国政府对有机农业政策支持的特点。美国政府自1990年来的历届法案愈加重视有机农业的发展，通过国家有机项目、有机认证成本分摊项目、环保激励项目、有机产品和市场数据收集项目等对有机农业进行多层次的扶持和补贴。总体上看，美国有机农业政策的主要特点体现在以下三个方面：

一是转向以扶持生产者为导向。2002年以后的各届法案更加注重对有机从业者的扶持（Renee，2008），通过有机认证成本分摊项目降低有机生产者和加工者的生产成本，因为补贴的费用足以支付大部分的认证费用；通过有机农业研究和扩展项目为生产者提供市场信息和技术支持；通过实施有机作物保险项目提高有机作物保险的覆盖范围和参保率，降低有机生产者可能面临的由自然灾害带来的损失；通过环保激励项目对转换期有机农业生产者进行扶持，降低进入有机行业的门槛和生产成本。

二是重点扶持有机农业研究项目。2014 年农业法案在有机农业上强制性支出为 1.68 亿美元，是 2002 年法案和 2008 年法案的 12.1 倍和 1.67 倍（见图 3 – 13）。美国政府非常重视农业研究的发展，因此通过各级法案授权 USDA 进行农业研究。2014 年新法案对有机农业补贴的重点在有机农业研究和扩展项目上，补贴额达到了 1 亿美元，是 2002 年法案的 6.7 倍。

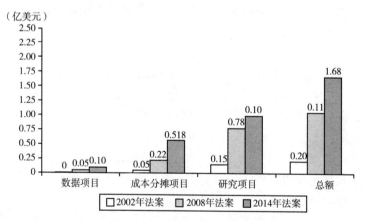

图 3 – 13　2002 ~ 2014 年美国农业法案对有机农业的强制性支出

注：联邦政府支出分三种：强制性支出、可支配支出和净利息。强制性支出是在法案中已列出的预算内支出，不用再另行拨款，包括对法案中各授权项目的支出。

资料来源：根据美国国会预算办公室（CBO）报告及历年美国农业法案整理。

三是更加重视有机作物保险。与常规农业一样，有机农业的产量也易受自然灾害（气候变化及病虫害）的影响。而且由于有机农业严禁使用化学合成农药,在遭受病虫害时产量损失会比常规农业更大(Hanson et al.,2002),例如,2013年华盛顿州因受火疫病①的影响约有1.5万英亩的有机苹果和有机梨减产。一方面为了保障有机农户的收益,另一方面作物保险比直接补贴更加隐蔽,不易引起WTO纠纷,所以美国政府近年来更注重扶持有机作物保险的发展。2008年农业法案正式确定在全国范围内实行有机作物保险,2014年法案又修改了有机保险的补偿定价依据,并且取消了附加保费。

3.2.3.4 农业法案推动下美国有机农业的发展现状

(1)有机农业生产和销售持续增长。2002年以来美国有机农业用地面积和销售额整体上呈稳步增长趋势(见图3-14)。2012年美国有机农业用地面积在全球排名第三位,为218万公顷,占总耕地面积的0.64%。截至2013年,USDA已通过国家有机农业项目(National Organic Program,NOP)帮助超过18513个农户及其他经营者获得有机认证,比2002年提高了245%,新认证的生产者有763个,比上年增长4.2%。同时,据美国有机农业协会统计,2013年有机农业产值为315亿美元,是自2008年以来第一次呈双位数增长,增幅达10.2%,有机食品销售额年增长10.2%,达到了290亿美元,占总食品份额已增长到4.3%;有机化妆品、有机纺织品等非食品销售额年增长11.8%,达到了25亿美元,占化妆品、纺织品等非食品类产品总销售额的0.6%。

(2)消费者接受程度上升在NOP项目的推动下,目前美国有42%的有机产品得到有机认证,并使用有机标识,消费者更容易辨识。在美国越来越多的家庭会购买有机食品,根据2013年美国有

---

① 火疫病(Fire blight)是指发生在梨、苹果等果树上的一种严重灾害。最典型的症状是当花、果实和叶片受火疫病菌侵袭后,很快变黑褐色枯萎,犹如火烧一般,但仍挂在树上不落。火疫病一般分布在欧洲和北美地区。

（百万公顷）

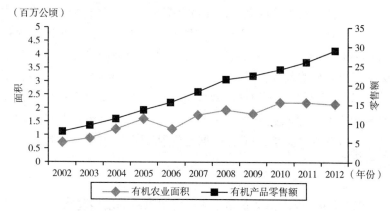

图 3 - 14　美国有机农业面积和有机产品销售额变化
资料来源：USDA。

机农业协会公布的有机消费者调查数据显示，在美国约有 81% 的家庭购买过有机食品，购买有机食品的新消费者比例上涨到 41%，而从未购买过有机食品的比例下降到了 19%。48% 的购买过有机食品的家庭相信由于不使用化学合成的化肥和农药，有机食品更利于家庭成员的身体健康，有 22% 的家庭是出于避免食用转基因食品的考虑①而倾向于购买有机农产品（与欧盟和其他国家不同，美国尚未开始对转基因食品和含转基因成分的食品实行强制标签）。

（3）有机食品国际贸易蓬勃发展。由于美国国内巨大的消费潜力、有机认证标准和标识的日益规范，越来越多的国家与美国进行有机产品贸易。美国政府还为有机生产者积极开拓海外市场，目前 USDA 已与加拿大、欧盟、日本等多个国家和地区陆续签订了有机贸易简化协议，协议允许有机产品在签订国之间无须经过当地的有机认证而直接销售。这些举措促进了美国有机产业的发展，也增

---

　　①　与欧盟和其他国家不同，美国尚未开始对转基因食品和含转基因成分的食品实行强制标签。

加了生产、物流、包装、流通和贸易等行业的就业机会。同时，美国拥有许多大型有机食品跨国公司，例如，全球最大的自然和有机食品公司"Whole Foods Market"，全球最大的有机原料公司"SunOpta"，拥有多家有机食品企业的公司"White Wave Food"等，它们目前已经在欧盟市场活跃起来，下一步将会进入包括中国在内的更多国家。

（4）有机农户收益不断上涨。根据美国有机食品协会报告，每10亿有机食品销售额可提供2.1万个就业岗位，目前有机行业已为美国创造了超过50万个就业岗位。在2012财年，约有9600个有机农场和经营实体参加了有机认证成本分摊项目，该项目提供了660万美元的成本资助，平均688美元/人/户，使生产者的认证成本大大降低。美国国会预算办公室（Congressional Budget Office，CBO）预测在2014～2018财年中，有机农业研究和扩展项目将使特殊作物①和有机产品生产者的收益上涨4.18亿美元（Ralph，2014）。

（5）有机数据收集和研究水平得以提高。在农业法案有机数据收集项目和研究项目的推动下，USDA下设的经济服务局（ERS）目前可以在线提供1992～2011年的全国和各州的有机农业数据，包括有机种植面积、有机草场（牧场）面积、有机畜牧业数量等。目前有501个非营利性科研机构从事有机农业的研究，并为有机从业者提供技术方面的帮助。一些研究机构如有机中心通过建立网站为有机消费者、决策者和公众进行信息服务。2013年，美国有机农业协会成立了全球第一个有机产品贸易网站——全球有机贸易向导，旨在帮助有机生产者和加工者进行出口贸易，网站还运用市场数据和地图工具与不同国家的贸易商进行实时信息交换。

---

① 特殊作物是指水果、蔬菜、木本坚果、花卉和观赏性产品。

3.2.4　日本有机农业发展现状及特征

日本是亚洲有机农业起步较早和有机食品主要消费地区之一（方志权，2002）。1935 年，日本哲学家冈田吉茂提出了"自然农法"，倡导"建立一个不依赖于人工合成化学剂和有限自然资源的农业生态系统"，主张用无化学合成的农药和化肥进行农业生产，以确保农产品的自然口感和质量安全，这实际上与有机农业的内涵极其相似。农民专家福冈正信将"自然农法"的理念付诸实践，并在其专著《一根稻草的革命》中形成了更为系统的关于有机农业的理论和技术。20 世纪六七十年代，日本经济迎来了高速发展期，伴随着工业化的快速发展和农业现代化的持续推进，生态环境受到破坏，农药化肥在农产品中的残留受到人们的日益关注，一批有机农业、自然农业的民间交流和促进组织相继成立。20 世纪 80年代后期到 90 年代，政府开始对有机农业进行监管。1988 年，日本农林水产省在当年的《农业白皮书》中首次正式提出发展有机农业，并于 1994 年颁布了《有机蔬菜、水果特别标志标准》和《有机农产品生产管理要点》，对有机认证和生产均作出了规定。1999 年，又将有机农业的相关规范和制度纳入《日本农林产品标准及适当标示法》中。针对仿冒假冒有机农产品，规范有机农产品市场，日本在 2000 年制定了《有机食品生产标准》（即 JAS 标准），并于 2001 年正式实施。

从整体来看，日本有机农业发展具有以下三点特征：

（1）以兼顾"食"与"绿"为主要目标。日本的有机农业强调发挥农业自身的物质循环功能，促进有机农业与生产效率相协调，通过土壤改良、药肥减施等措施减轻农业生产对生态环境的负担，在提高农产品自给的同时，达到保护环境的目的。

（2）以有机种植业为主，有机农产品自给率低。与欧美地区不同，日本的有机农业建立在本国耕地面积有限、农产品自给率低的国情基础上，有机农业生产规模较小，2012 年有机种植面积为

1.06万公顷，仅占国内耕地面积的0.27%，在全球排名第85位，主要以发展有机种植业为主，有机畜牧业发展相对薄弱（杨小科，2006）。从品种来看，有机作物中近50%的比例为有机稻米，有机蔬菜占30%，其余为有机果树和有机茶。同时，日本市场上有机食品消费量占总食品消费量的约2%，60%的有机农产品需要进口。

（3）注重加强有机农产品的产销沟通。日本在发展有机农业的过程中，非常重视加强消费者与生产者之间的交流，通过诸如体验耕作、自行分销、协议定价等多种方式促进两者的接触与沟通。一方面可以提高消费者对有机农业的认知和接受度；另一方面为有机农产品的生产者提供市场和信息。

3.2.5　美国和日本有机农业的发展对我国的启示

通过对美国和日本有机农业发展现状及特点的分析，有以下五点值得我国借鉴：

（1）实行有机生产者补贴政策。有机农业对生产环境、物质投入和劳动力投入要求较高，再加上不使用化肥和化学合成农药，生产成本一般较高。而且，为了获取消费者的认可，有机农产品一般需要认证机构的认证，由此增加的认证支出，是常规农业所没有的成本。目前，我国缺乏全国范围内统一的对有机农业鼓励和扶持政策，仅有部分有机农业发展较好地区，例如，辽宁、上海、四川等地的地方政府对有机农业从业者进行生产者补贴和认证补贴，补贴范围和力度都比较有限。我国应借鉴美国政府的做法，从国家的角度，出台对有机农业生产、加工、认证等环节的补贴政策，对有机从业者尤其是处在转换期的生产者，给予适当的直接补贴和认证费用补贴，降低进入者和生产者的交易成本。而且，对有机农业的财政补贴一般会归纳为"农业环境保护补贴"，属于WTO规则中"绿箱"政策的范畴，不易引起进口国的反补贴调查和关税壁垒。

（2）加大对有机数据收集和科研的投入。我国有机产品市场起步较晚，有机产业的信息和数据获取困难，缺乏有机食品贸易方面的评估与有机市场发展战略规划，有机农业科研工作水平也有待于提高，因此，需要政府建立公共信息平台，为有机产品生产、销售和贸易提供信息保障。同时，应加大有机农业的科研投入，通过开展有机食品生产、加工、贮存、包装、运输等方面的技术研究，为有机农业的发展提供技术保障。

（3）推广政策性有机作物保险。目前，有机作物保险只在我国个别有机农业较发达的地区进行试点，如成都多个县（市）在2011年开始政策性有机农业保险试点，广东在2013年出台有机蔬菜种植保险政策等。大部分地区的有机农业生产者只能自己承担自然灾害带来的损失。因此，政府应牵头制定有机农业保险条例，鼓励政策性有机作物保险的试点和推广。

（4）完善有机农业监管体系。我国有机农业生产归农业部管理，认证则由环保部管理，其他还涉及质量监督检验检疫总局、工商行政管理总局等多个部门，这种多部门管理的现象容易导致部门之间的推诿和扯皮。而且我国针对有机农产品的《有机产品认证管理办法》在法律效力上仅为部门法，涉及的处罚范围和力度比较有限。因此，国家应设立专门的有机农业和食品管理机构，并出台类似于美国有机农业法案的有机农业及有机农产品管理的国家法，进一步切实有效地规范有机农业的发展。

（5）加强国际交流与合作。美国与欧盟、日本等国签订的有机贸易简化协议极大促进了本国有机农业市场的发展。而我国到目前尚未与任何国家就有机农业签订贸易协议，虽然我国有机农业标准在修订后变得更加严格，但许多标准与主要进口国的有机生产标准之间还有很多的差异。我国有机农产品在出口时还需要按进口国的有机标准再次进行认证和检查，加大了贸易成本和生产者的负担，也延长了交易周期。因此可以借鉴美国与他国签订有机农业贸易简化协议的模式，与一些主要进口国签订贸易协议，促进有机农产品和有机标准的国际互认。

3.3 中国有机农业发展历程、 现状及趋势

中国的有机农业始于 20 世纪 90 年代初期,传统的有机农产品市场以出口为导向,95% 以上的产品出口到日本、欧盟、美国等发达国家,国内市场份额几乎为零,产品主要是有机茶叶、杂粮、食用豆和蔬菜等(张新民和陈永福等,2008)。2000 年国内有机农产品市场初步形成,随着国内经济的发展和居民收入水平的不断提高,中国有机农业迅速发展。根据绿色食品中心的统计,2013 年我国经过认证的有机食品产品数达 3081 个,其中新认证产品数达1258 个。

3.3.1 中国发展有机农业的比较优势

我国具有悠久的农业生产历史,有机农业就起源于中国传统的农耕文化,很多具有可持续性的传统农业技术可以直接应用到有机农业生产中。近年来,我国生态农业的开发为有机农业的发展提供了可靠的技术保障。而且相对于其他国家,我国在自然资源、劳动力资源等方面也具有比较优势。

3.3.1.1 传统的农耕文化和技术优势

我国独特的农林结合、用养结合等永续农业经营的经验和传统,正是有机农业的精髓(黄国勤,2008);轮作、换茬、堆肥等中国传统的农耕技术也被广泛用于有机农业生产中。1909 年,富兰克林·金在其撰写的《四千年农夫》一书中,用近 2/3 的篇幅介绍了中国各地农业的土地利用、劳动力投入、肥料制作、消费习惯、种植方式等内容,他认为"中国农民善于利用时间和空间提高土地的利用率,并会通过人畜粪便和废弃物培肥地力","如果向全人类推广东方尤其是中国的可持续农业经验,各国人民的生产

将更加富足"。可以说，有机农业是在中国传统农业文化和技术的基础上，运用现代科技，在生物学、生态学等学科的理论与实践指导下，对中国传统农业精髓吸收和改良后的新运用。而我国悠久的传统永续农业生产模式为有机农业积累了大量的经验，是我国发展有机农业的基础。

3.3.1.2 良好的生态环境和自然资源优势

我国幅员辽阔、自然环境多样、品种资源丰富，这些都为有机农业的发展提供了生态环境和资源优势。而且我国有不少偏远山区、贫困地区由于经济发展原因，农民很少或完全不使用农药和化肥，而且很多地区由于地理位置偏僻，当地开发能力和条件不够而尚未开发，相对封闭的生态环境没有遭到破坏，这些地区具有得天独厚的发展有机农业的环境优势，比较容易转换成有机农业生产基地。我国生物资源和种质资源丰富，大多数动植物品种没有经过基因重组，许多植物品种还处于野生、半野生状态，这些品种可以通过野生采集直接转换成有机产品。各地都有适合于本区条件的特色作物品种，如东北稻米和杂粮、山东蔬菜、新疆的棉花和瓜果等，都是进一步发展有机农业的资源基础。

3.3.1.3 劳动力优势

相对于常规农业，有机农业属于劳动密集型产业，在有机农业生产成本中，劳动力成本占很大比例。在现有的生产技术条件下，生产所需的劳动力数量远远超过常规农业，多出的劳动力主要用于积造有机肥、人工除草、采用物理和生物手段防虫治虫上。以山东肥城有机菜花种植为例，单位面积有机菜花从播种、育苗、施肥、除虫、灌溉等环节到收获，平均需要24.13个劳动工日，而常规菜花只需要15.1个工作日。目前我国农村有近1.7亿剩余劳动力，并且随着城镇化进程加速和劳动生产率的提高，每年新增剩余劳动力约在600万人，这些农村剩余劳动力尤其是农村留守妇女为我国发展有机农业提供了充足的劳动力资源。

3.3.1.4 产品品质和认证基础

自 20 世纪 80 年代开始，我国开始对包括粮食、蔬菜等在内的大宗农产品"无公害产品"进行认证，各地开展生态农业运动，建有数十个生态县和数千个生态农业生态示范村，并进行生态农业建设技术推广；1990 年农业部推出"中国绿色食品工程"，启动了"绿色食品"认证，绿色食品分为 A 级和 AA 级，其中 AA 级绿色食品标准与有机食品大致相同，另外，还建立了绿色食品标准化生产基地。无公害产品和绿色食品对农药化肥的使用、生产过程、产品质量和产地环境等方面都有严格的要求，两者对推动有机农业的发展起到了不可或缺的作用。

3.3.2 国内有机农业发展历程

出于环境保护和出口需求的驱动，我国有机农业始于 20 世纪80 年代后期。直至 1990 年浙江临安有机茶园获得有机认证证书，标志着我国有机农业正式诞生。虽然起步较晚，但在短短的二十多年间，中国有机农业飞速发展，取得了巨大的成就。从整体上看，我国有机农业的发展可分为三个阶段。

第一阶段，探索和起步阶段（1990～1994 年）。这一时期，我国成立有机农业认证机构，并与国际认证机构合作，国内有机产品开始出口。我国最早从事生态农业研究和推广工作的机构——国家环境保护总局南京科学研究所农村生态研究室，于 1989 年正式加入国际有机农业运动联盟（IFOAM），成为我国第一个 IFOAM 组织的成员（张志恒，2012）。1990 年，浙江临安的裴后茶园和临安茶厂在南京科学研究所农村生态研究室的配合下，获得了荷兰SKAL 有机认证证书，标志着中国有机农业正式形成。同年，浙江临安的有机茶叶出口到欧洲。1994 年在国家环境保护局的批准下，国家环境保护局南京科学研究所农村生态研究室更名为"国家环境保护局有机食品发展中心"（Organic Food Development Center, OFDC），专门从事我国有机食品的检查认证、宣传培训、质量监督、技术咨询和国际合作交流等工作。OFDC 是我国第一个有机产品认证机构，它的成立是我国有机农业发展的里程碑。随后，OFDC 在云南、黑龙江、山东、河北等 21 个省、市和自治区建立了分中心。

第二阶段，初步发展阶段（1995~2002 年）。在这一阶段，国内有机农业行业标准和认证标准制定和出台。OFDC 根据 IFOAM 有机生产（包括加工）的基本标准，并借鉴欧盟和其他国家有机农业生产标准和有机农业协会标准和规定，结合我国有机行业发展的实际情况，于 1999 年制定了《有机产品认证标准（试行）》，此标准在 2001 年由国家环保总局发布成为有机行业标准。同年，国家环保总局正式发布《有机食品认证管理办法》和《有机食品生产和加工技术规范》，这些标准和规范使我国有机行业发展更加健康有序。

第三阶段，规范和快速发展阶段（2002 年至今）。随着我国有机食品生产和认证工作进入法制化和规范化的新阶段，国内有机食品消费市场逐渐打开，再加上国际有机产品需求持续增长，我国有机农业进行快速发展阶段。根据 2002 年颁布和实施的《中华人民共和国认证认可条例》，有机食品认证由国家环保总局下属的国家认证认可监督管理委员会统一管理。2003 年认监委发布了在 OFDC 有机产品认证标准的基础上制定的"有机产品生产和加工认证规范"，并与同年开始起草《国家有机行业标准》和《有机产品认证管理办法》，2005 年《国家有机行业标准》和《有机产品认证管理办法》正式颁布和实施。

3.3.3 国内有机农产品市场形势及趋势分析

3.3.3.1 国内有机农产品消费现状

（1）发展现状。中国的有机农业始于 20 世纪 90 年代初期，传统的有机农产品市场以出口为导向，95%以上的产品出口到欧盟、美国、日本等发达国家或地区，国内市场份额几乎为零，产品主要是有机茶叶、杂粮、食用豆和蔬菜等（张新民和陈永福等，2008）。随着国内经济的发展和居民收入水平的不断提高，中国有机农业迅速发展，2000年国内有机农产品市场初步形成。

随着国内有机农业走向规范化和标准化，自2003年起国内有机农产品市场发展增速加快，2006年，国内有机农产品消费额为56亿元，首次超过出口额。目前，中国有机农产品市场已进入快速发展期（李显军，2004），国内消费需求非常旺盛。但与其他发达国家相比，中国有机农产品消费占农产品总消费的比重仍然很低。

2012年中国有机农产品销售额达151.85亿元，其中，国内销售额约为145.39亿元，占总额的95.75%，出口6.46亿元（人民币对美元汇率按当年平均值1∶6.48计算），仅占4.25%。国内有机农产品市场发展迅猛，据IFOAM中国区主席周泽江预计，到2015年，中国有机农产品产值将达到248亿元。

（2）主要特征。在消费结构上，国内消费以种植业为主（见表3－1），2012年国内种植业产品年销售额达771296万元，占总销售额的53.05%，其次为野生采集，占总销售额的份额分别为19.65%和18.68%。

消费对象主要为大城市的高收入人群或特殊人群。有机农产品的价格一般高于普通农产品，属于高档食品，价格通常是普通农产品的几倍甚至几十倍，所以消费人群主要是大城市的收入较高人群，以南京联创食惟天有机农业科技有限公司为例，其定位的目标客户是南京地区3.6万户家庭年收入在30万元以上的高端客户。还有一些有特殊人群，如孕妇、小孩、老人或者慢性病患者，他们（或者是监护人）对食品安全和健康的诉求会高于普通人群，所以也是有机农产品消费的主要群体。

表 3 – 1 　　　　　2012 年中国有机农产品国内销售情况

产品	销售额（万元）	比重（%）	产品	销售额（万元）	比重（%）
种植业	771296	53.05	水果坚果加工	27425	1.89
粮食作物	261554	17.99	畜产品加工	14863	1.02
蔬菜	102560	7.05	渔业产品加工	4268	0.29
水果和坚果	169848	11.68	食用油	971	0.07
茶叶	203942	14.03	制糖	0	0
中草药	33392	2.30	饮品	8182	0.56
饲料原料	0	0	乳品加工	4122	0.28
畜牧业	112363	7.73	野生采集加工品	12634	0.87
肉类	32482	2.23	食盐	4000	0.28
禽蛋类	4160	0.29	米、面制品制造	0	0
蜂产品	75721	5.21	调味料制造	860	0.06
渔业	74435	5.12	饲料	1176	0.08
野生采集业	126264	8.68	生产资料	46857	3.2
加工业	285620	19.65	国外认证产品	83927	5.77
粮食加工	160262	11.02	总计	1453905	100

　　资料来源：中国绿色食品发展中心统计年报。

3.3.3.2　国内有机农产品供给现状

　　（1）发展现状。我国有机农业发展初期，供给以出口为导向，而且产量和面积都很低，国内市场自 2000 年启动以来发展迅速，有机农产品的认证面积和产量有所增加，但年度波动较频繁。根据绿色食品中心统计，2012 年我国有机认证面积为 1672 万亩，有机食品产品数为 2762 个，产量为 188.34 万吨。2006～2012 年，有机认证面积呈逐年下降趋势（见图 3 – 15），有机产量年度波动幅度较大，但总体呈上升趋势（见图 3 – 16），主要原因是随着有机市场的发展，我国有机认证制度愈加规范和严格，有机认证成本也较高，所以总体上认证面积有所缩紧，但随着生产水平的提高和科技的大量应用，有机产量整体呈上升趋势。

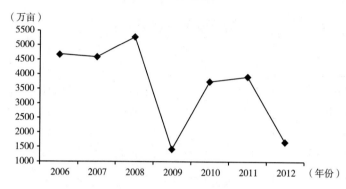

图 3-15　我国有机认证面积波动

资料来源：中国绿色食品发展中心统计年报。

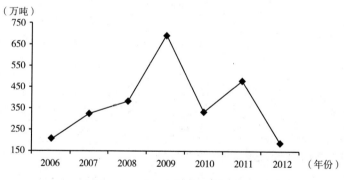

图 3-16　我国有机认证产量波动

资料来源：中国绿色食品发展中心统计年报。

（2）主要特征。从区域分布来看，我国有机农业生产主要集中在黑龙江、内蒙古等北部地区，近几年由于西部大开发的带动，有机畜牧业在西部发展势头良好。

从产品种类来看（见表3-2），目前我国有机和有机转换产品种类达50大类，主要为蔬菜、水果、豆类、水产品和野生采集产品等 400 ~ 500 个品种。并且主要为初级原料，有机加工产品较少。

表 3 - 2　　　　　　　　　我国有机农产品供给情况

产品	产量（万吨）	认证面积（万亩）	产品	产量（万吨）	认证面积（万亩）
种植业	56.55	112.8	粮食加工	34.11	23.52
粮食作物	24.83	64.05	水果坚果加工	3.41	7.07
蔬菜	5.62	9.3	畜产品加工	1.36	0
水果和坚果	11.88	13.26	渔业产品加工	0.71	7.5
茶叶	1.66	11.7	食用油	1.5	0.58
中草药	0.1	0.89	饮品	4.93	0
饲料原料	12.46	13.6	乳品加工	42.97	3.74
畜牧业	0.54	250.24	野生采集加工品	3.44	11.42
肉类	0.09	250	米、面制品制造	0.16	0
禽蛋类	0.19	0.24	调味料制造	0.04	0
蜂产品	0.26	0	饲料	7.41	0
渔业	20.87	231.17	生产资料	0.93	0
野生采集	9.41	1024.32	总计	188.34	1672.36
加工业	100.97	53.82			

资料来源：中国绿色食品发展中心统计年报。

从认证面积和产量来看，有机农业加工业认证面积所占总有食品认证面积的份额最大（见图 3 - 17），为 54%，其次是种植业和渔业，分别为 30% 和 11%。在有机种植业中粮食作物认证面积为64.1 万亩，产量为 24.8 万吨，分别占总有机种植业份额的 56.8%和 43.8%。有机野生采集业的产量位居有机食品产量的第一位（见图 3 - 18），占总份额的 62%，其次为畜牧业和渔业，分别为16% 和 14%。

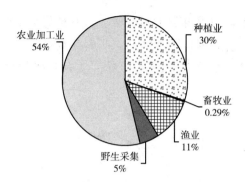

图 3 - 17 我国认证面积分产业结构情况

资料来源：中国绿色食品发展中心统计年报。

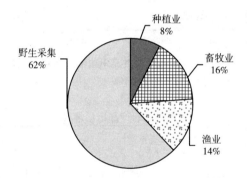

图 3 - 18 我国认证产量分产业结构情况

资料来源：中国绿色食品发展中心统计年报。

3.3.3.3 中国有机农产品贸易

（1）有机农产品出口。2006～2009 年，我国有机食品出口额增长迅速（见图 3 - 19），年均增速达 128.35%，2009 年之后，一方面受金融危机的影响，有机食品主要进口国经济下行，有机食品消费量下降；另一方面，我国国内食品安全丑闻事件频发，也使得我国有机食品在国际市场上的受信任度下降（ITC，2011），因此我国有机食品的出口也呈急速下降趋势，2011 年已下降到 2007

年的出口水平，2012年才有所恢复。与其他发展中国家一样，我国主要的有机食品贸易国为欧洲、北美和日本，出口的有机产品仍以粮食、蔬菜、水果种植业产品为主，其次为有机水产品等（见表3－3）。

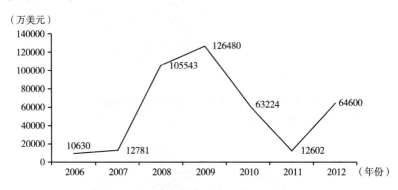

图3－19　我国有机农产品出口情况2006～2012

资料来源：中国绿色食品发展中心统计年报。

表3－3　　　　　　　　　我国有机农产品出口情况

产品	出口额（万元）	比重（%）	产品	出口额（万元）	比重（%）
种植业	39515	61.17	蜂产品	1390	2.15
粮食作物	14498	22.44	渔业	7475	11.57
蔬菜	11008	17.04	野生采集	7263	11.24
水果和坚果	7983	12.36	加工业	5936	9.19
茶叶	5826	9.02	粮食加工	993	1.54
中草药	200	0.31	水果坚果加工	346	0.54
饲料原料	0	0.00	畜产品加工	0	0.00
畜牧业	1390	2.15	渔业产品加工	2241	3.47
肉类	0	0.00	食用油	462	0.72
禽蛋类	0	0.00	制糖	0	0.00

产品	出口额 （万元）	比重 （％）	产品	出口额 （万元）	比重 （％）
饮品	0	0.00	调味料制造	32	0.05
乳品加工	0	0.00	饲料	0	0.00
野生采集加工品	1122	1.74	生产资料	740	1.15
食盐	0	0.00	国外认证产品	3021	4.68
米、面制品制造	0	0.00	总计	64600	100

资料来源：中国绿色食品发展中心统计年报。

　　（2）有机农产品进口。每年中国也会从世界各地进口大量有机食品，2005 年以后，进口的有机食品也必须遵循我国的有机食品标准。进口的有机食品一部分主要是进口原材料或半成品，回国进行再加工，加工后的成品再出口，产品主要是有机糖、脱干水果、坚果、蜂蜜等。随着国内经济水平的提高和居民对食品质量安全的关注，有相当数量的有机食品进口是为了满足中国国内日益增长的有机食品消费需求，产品主要是有机奶产品和婴幼儿加工食品。

　　目前没有关于有机食品进口量和进口额的官方数据，据相关人士推算，国内有机食品进口额的波动方向和幅度与出口额一致，每年约为 300 万~800 万美元，2009 年最高为 2000 万美元。

3.3.3.4　有机农产品的生产组织和流通方式

　　我国农村人均耕地少，而且地块分散，再加上有机认证成本高，转换期风险大等原因，国内有机农产品很少由农户单独生产，主要的生产组织形式有三种：一是公司转包，兼有加工和贸易职能的企业从农户手中租来适合有机耕作的土地，然后雇工组织生产，农户可以拿到土地租金，如果被公司雇佣回到土地上进行有机生产，还可以领取工资。二是"公司 + 基地 + 农户"的形式，公司以基地的形式与农户合作，并签订长期生产和销售合同，农户按公司的要求进行有机生产。三是"公司＋合作社＋农户"的形式。

国内有机农产品流通主要以零售为主，其中包括普通和高档超市在内的流通方式占市场的 80%；有机食品专卖店发展迅速，但数量有限；最近几年，随着互联网信息技术的发展，有机食品网络和电话销售方式兴起；农夫市集、社区支持农业等直销形式也是国内有机食品流通的重要渠道之一。

3.3.3.5 我国有机农产品市场的政府监管和扶持

我国政府通过建立有机农产品质量追溯体系、法律法规体系等对有机农产品市场进行监管，并且取得了一定的成效，但由于我国有机农产品市场起步较晚，还处于完善和发展的时期，在政府监管方面还存在着许多问题，如多头管理、部门协调成本高；法律法规效力位阶低，《有机产品认证管理办法》仅为部门规章，处罚范围和力度非常有限等问题。

有机农业在给生产者带来收益的同时，对生态环境和经济发展也存在正的外部效应。政府的扶持是将有机农业的外部性内在化的一种有效途径。而且在有机农产品生产过程中，生产成本高于常规农业生产，但产量往往低于常规农业，尤其是在有机农业的转换期，产品不能按有机产品的价格销售，而且根据我国 2014 年 9 月发布的新《有机产品认证管理办法》的规定，有机转换认证及其标志已被取消，这就意味着有机转换期的商品不能再加以"有机转换"的标签。政府的扶持对有机农业的发展至关重要。全球许多国家纷纷对有机农业采取扶持措施。例如，为了解决产量下降造成的有机农户收入减少的问题，欧盟各成员国自 20 世纪 90 年代就开始对有机农业实施财政支持。美国自 1990 年制定了"国家有机农业法"，之后通过多个农业法案对有机农业进行补贴和支持。在我国有机农业发展的实践中，一些地方政府已开始重视推动有机农业的发展，通过多种如有机肥料补贴、认证费用补贴等方式对当地有机农业发展进行支持，但从国家层面，并没有相应的补贴支持政府。

第4章 中国有机农产品生产的经济效益及生产技术效率分析

随着居民收入水平的不断提高以及人们对环境保护和食品质量安全的重视，中国有机农业迅速发展。从生产者角度来看，农民是否从事有机农业生产主要取决于有机农业生产的比较经济效益，而有机农产品的生产技术效率的高低决定了农民收入的多少。本书主要通过对典型地区农村入户调查的方式从微观层面对有机蔬菜生产的生产成本收益及生产技术效率进行分析，以期了解有机种植农户生产行为的实际情况。

4.1 有机农产品生产成本和经济效益分析

4.1.1 调查说明与问卷设计

4.1.1.1 调查地基本情况

1996年山东省成立了国家环保有机食品发展中心山东省分中心，成为国内首批成立有机食品分中心的省份之一，标志着山东省有机食品发展正式起步。肥城市位于山东省中部偏西，是传统农业大市，农业基础较好，自然条件优越，水、土和大气环境均适宜有机栽培，立足于自身优势，肥城市自1994年开始尝试有机蔬菜种植，成为山东省有机食品发展最早的地区，1996年肥城市边院镇济河堂村325亩蔬菜生产基地成为省内第一个通过有机食品认证的生产基地，并于2007年被国家环保部有机食品发展中心授予"中国有机蔬菜第一县"称号，2013年肥城市的汶阳镇由于有机菜花发展良好，被农业部授予"全国一村一品示范村镇"称号。

经过近二十多年的持续发展，肥城市目前已成为我国发展起步最早、面积规模最大的有机蔬菜种植和出口基地。据肥城市农业局统计，截至2013年，肥城市有机蔬菜种植已覆盖边院、汶阳、安临站、孙伯、王庄等多个乡镇，全市有机蔬菜基地面积为17.8万亩，年产量超过50万吨，产品涵盖菜花、毛豆、刀豆、大叶菠菜、大葱、芦笋、小南瓜、甜玉米、毛芋头、牛蒡、秋葵、胡萝卜、生姜等三十多个品种，年平均亩产2.8吨左右。肥城有机蔬菜生产基地先后获得了日本JONA、JAS，美国OCIA、USDA，欧盟BCS以及国内国家有机认证中心OFDC等国内外多个权威机构的认证，目前是国内获得有机认证证书最多的有机食品生产区。全市有机蔬菜产品以出口为主，产品90%以上销往美国、欧洲、日本、韩国等15个国家和地区，即使受到金融危机爆发、人民币汇率升值等宏观经济因素的不利影响，肥城市有机蔬菜出口仍呈逐年增长的趋势；产品内销约占10%，主要通过专卖店和超市专营的方式销往上海、北京、南京、济南等国内大中城市。有机蔬菜加工在肥城市已初具规模，市内的弘海、银宝、绿源等一批有机农产品深加工龙头企业迅速发展，龙大、亚细亚等知名企业也进入肥城市有机市场，全市农业深加工规模以上企业达到了35家，年出口有机蔬菜26万吨。企业等过订单农业的形式与基地农户之间建立了完善的链接机制，畅通了农产品销售渠道。

4.1.1.2 调查说明

（1）调研方式。本次调研问卷平均每份的调查时间在30~40分钟，采取调研员与农户一对一面谈的形式，在调研员的提问和解释下，要求生产决策者回答问卷的所有问题。这种访谈式的调研可以提高问卷完成的比率和答卷的质量，调查者和被访者之间的互动有利于最大限度获取调查信息，也可以避免农户直接填写问卷的不准确性。调研人员包括三名科研人员和四名研究生，为提高调研效率和问卷质量，在调研之前均接受了问卷内容和问答技巧的培训。

（2）调研地点。2014 年 6 月 9 日至 15 日，根据当地有机蔬菜种植的分布情况，集中调查了肥城市、泰安郊区、宁阳县 5 个乡镇的 11 个村，由当地农业局根据本地区有机蔬菜生产者的基本情况统一安排调查对象。这些村发展有机蔬菜的时间长，参与农户较多，种植有机蔬菜比较普遍，种植方式规范，规模也较大。

（3）调研产品对象和时间跨度。当地有机蔬菜生产组织方式主要是"公司＋基地＋农户"和"公司＋合作社＋农户"的形式，种植品种基本上由公司订单所决定，前面的介绍中提到，公司产品以出口为主，受美国、欧洲、日本和韩国等发达国家或地区和饮食消费习惯的影响，订单中需求最大的就是绿菜花（学名西兰花），当地有机蔬菜种植模式主要有"冬菠菜—春菜花—毛豆—秋菜花"四作四收和"春菜花—毛豆—秋菜花"三作三收，因此，选取菜花作为本书研究有机蔬菜成本收益调研的产品对象。调研计划调查农户连续三年有机菜花的成本收益情况，但在实际调研中发现，由于当地农户与订单公司所签订的收购价格多以来几乎没有改变，由订单公司先行提供，后在销售款中一并扣除的有机商品肥、种子、生物农药等物质费用在最近几年的变动也较小，连续三年每年的成本收益变化并没有明显区别，因此，实际调研中只调查 2013 年菜花的成本收益情况。

（4）调研对象。调研农户均为随机选取的有机菜花种植户，除了边院镇济河堂村存在散户外，其他村都是规模大户，一般一个村平均只有 4～10 个大户，户数有限，再加上调研时间正赶上夏小麦收获时间，找农户非常困难，计划完成 100 份有机菜花农户随机抽样问卷，只完成了 62 份，通过整理，有效问卷为 61 份。并且，在这些村，除了种植小麦外，大部分都是种植有机蔬菜，种植常规蔬菜的很少，而种植常规菜花的几乎没有，所以无法进行同地区常规菜花的成本收益调研。关于常规菜花的成本收益数据主要来源于《全国农产品成本收益资料汇编》中山东省露地菜花成本收益和费用用工情况。

4.1.1.3 问卷设计

问卷紧扣分析目标，总体上分为三个部分：

第一部分，调查被访者的基本情况和个体特征。包括农户年龄、学历、家庭成员、从事有机生产的时间、家庭土地规模和有机种植规模、技术培训、资金来源、生产风险和有机认证等情况。

第二部分，调查农户生产资料的获取途径、成本和收益的构成及金额情况。包括有机种子、农药、肥料（有机肥和农家肥）等农资的购买途径和金额、固定资产投资、劳动力（家庭用工和雇工）投入、土地投入、其他投入以及单位面积产量、单位售价等情况。

第三部分，调查家庭收入状况和其他有机蔬菜种植情况。包括家庭总收入、有机农业收入、外出打工收入、农业生产补贴以及种植的其他有机蔬菜品种的面积、单产、出售金额和生产成本情况。

4.1.2 样本的基本情况

4.1.2.1 年龄分布

调查数据显示（见表4-1），从事有机蔬菜种植的农户年龄主要集中在40～60岁，其比例占到了受调查人数的79%，30～39岁的壮年劳动力不到10%，30岁以下年轻劳动力为0。在调研中了解到，当地40岁以下青壮年劳动力多数已不从事农业生产，大部分都在外打工。从事有机蔬菜种植的农户的平均年龄为56岁。而美国有机农业生产者平均年龄（53岁）要比常规农业生产者（57

岁）要低（Greene et al.，2010），可见与其他农业生产一样，我国有机种植老龄化趋势明显。

表 4 - 1　　　　　　　　被访人员的年龄分布情况

统计项	30 岁以下	30 ~ 39 岁	40 ~ 49 岁	50 ~ 59 岁	60 岁以上
人数（人）	0	6	25	23	5
比例（%）	0.00	9.84	40.98	37.70	8.20

4.1.2.2　教育程度

从户主受教育程度来看（见表 4 - 2），虽然从事有机种植的农民岁数较大，但近 60% 的受访者学历都在高中以上，这部分人对有机农业的接受度相对较高，对有机农业生产技术掌握也较好。

表 4 - 2　　　　　　　　被访人员的教育程度情况

统计项	小学	初中	高中	中专	大学及以上
样本数（个）	4	21	32	4	0
比例（%）	6.56	34.43	52.46	6.56	0.00

4.1.2.3　家庭人口和劳动力结构

在 84% 的被调查者家庭中，有 2 ~ 3 人从事有机种植，其中在 8% 的家庭从事有机蔬菜生产的人数高达 4 人（见表 4 - 3）。调研所在村几乎每家都会有成员外出打工，而在这些从事有机蔬菜生产的家庭中，有成员外出打工的比例仅占 41%，说明有机蔬菜比较效益高，已经吸引一部分农民选择务农而非外出打工。

表 4 - 3　　　　　被访人员的家庭人口和劳动力结构情况

统计项	从事农业人数				外出打工	
	1 人	2 人	3 人	4 人	有	无
样本数（个）	5	40	11	5	25	36
比例（%）	8.20	65.57	18.03	8.20	40.98	59.02

4.1.2.4 有机菜花种植规模

根据调研地有机菜花种植的实际情况，将种植规模划分为：种植规模≤10亩，为小规模；10亩＜种植规模≤50亩，为中等规模；种植规模＞50亩，为大规模。一半以上的被访者为小规模种植有机菜花，大规模种植有机菜花的农户数不到20%（见表4-4）。

表4-4　　　　　　　　被访农户家庭有机菜花种植规模

统计项	小规模	中等规模	大规模
样本数（个）	31	18	12
比例（%）	50.8	29.5	19.7

4.1.2.5 家庭收入状况

高达67%的被调查者家庭纯收入在20000元以上（见表4-5），其中有15%的农户家庭纯收入在50000元以上，被调查农户家庭平均人口数为2.26人，而同期肥城农村人均纯收入为10149元，由此可看出，有机蔬菜农户收入明显高于当地的平均水平。

表4-5　　　　　　　　被访人员的家庭收入情况

统计项	10000元以下	10000～19999元	20000～49999元	50000～79999元	100000元以上
样本数（个）	5	15	26	8	7
比例（%）	8.20	24.59	42.62	13.11	11.48

4.1.2.6 从事有机农业年限

调研地有机农业发展的起步较早，约70%的受访者从事有机生产的年限在10年以上（见表4-6），其中有25%的农户已有20年的从业经验，61位受访者从事有机生产的平均年限为13年，这些农户积累了丰富的有机农业生产经验，为有机蔬菜种植提供了良好的技术和劳动力支持。

表 4 – 6　　　　　　　　被访人员从事有机农业的年限

统计项	5 ~ 10 年	10 ~ 15 年	15 ~ 20 年	20 年以上
样本数（个）	18	19	10	15
比例（%）	29.51	31.15	16.39	24.59

4.1.3　有机蔬菜生产成本和农户收入分析

4.1.3.1　数据来源

有机菜花成本收益数据来自问卷调研的实际数据。由于调研所在地以种植有机菜花为主，几乎没有常规菜花种植，无法通过调研获取数据，关于常规菜花的成本收益数据主要来源于《全国农产品成本收益资料汇编 2013》中山东省露地菜花成本收益和费用用工情况。

4.1.3.2　分析方法

（1）生产成本。生产成本可分为直接费用、间接费用、人工成本和土地成本。根据调研的实际情况，有机菜花的直接成本主要包括：肥料费用（包括商品有机肥和农家肥）、种子费、农药费、作业费（包括租赁作业费和排灌费）、燃料动力费，有机菜花生产的间接成本主要是固定资产折旧，人工成本包括家庭用工折价和雇工费用，土地成本包括流转地租金和自营地折租。常规菜花与有机菜花的生产成本组成几乎相同，只是在肥料方面，常规菜花施用的是化肥，有机菜花施用的肥料以商品有机肥和农家肥为主，不施用化肥；在土地成本投入中，有机菜花只有流转地租金，常规菜花只有自营地折租。

因此，有机菜花或常规菜花的生产成本用公式可以表达为：

$$C = \sum D_i + F + L_1 + L_2$$

其中，C 为成本，D 为直接费用，F 为固定资产折旧，L_1 为人工成本，L_2 为土地成本，i = 1，…，n，代表种子、农药、肥料等直接投入。固定资产折旧按通用的分类折旧率计提。有机菜花生产永久性栏棚按 8%，机械、动力、运输、排灌等机械设备类按 12.5%，大中型农具和器具按 20%，其他固定资产折旧均以 20% 计算。再按有机菜花播种面积占总耕地面积的比例进行分摊。

（2）产值和收益。产值为单产与售价的乘积：

$$产值(V) = 单产(Y) \times 售价(P)$$

如果把家庭劳动和自营土地的机会成本算入，产值减去总成本（C_1）后得到净利润，如果不计机会成本，产值减去总成本（C_2）后得到净收益。

$$净利润(NI) = 产值(V) - 总成本(C_1)$$
$$收益(NV) = 产值(V) - 总成本(C_2)$$

利润率（R）用以比较农户种植有机菜花或常规菜花的盈利水平。

$$利润率(R) = 净利润(NI) / 总成本(C_1)$$

4.1.3.3 有机菜花和常规菜花成本收益分析

表4－7列出了有机菜花和常规菜花的成本收益概况。考察有机和常规菜花农户收入时，主要看两种种植和投入方式下，单位面积的净利润（产值与生产成本之差）。一般来说，有机认证费用是有机蔬菜生产固定成本中的必要组成部分，但由于肥城有机农业主要是以公司订单的形式，有机认证费用完全由订单公司负担，农户不直接支付，因此在有机菜花的成本中，有机认证费用

不计入。

表4-7 有机菜花和常规菜花的成本收益　　　　单位：元/亩

统计项	有机菜花	常规菜花
单产（斤/亩）	2690.60	2909.08
售价（元/斤）	0.95	0.83
产值	2556.07	2414.54
总成本	1945.11	1613.40
净收益	1137.93	1533.62
净利润	610.95	801.14
成本利润率（%）	31.41	49.66

（1）有机菜花成本收益情况。人工成本（包括家庭用工折价和雇用工费用）是有机菜花生产成本中最大的组成部分（见图4-1），占比为45.47%。调研地青壮年劳动力外出打工比例相当大，41%的被访者家庭有外出打工的成员，33%的被访者认为劳动力短缺、农忙季节雇不到工是阻碍自己扩大有机种植面积的主要原因。劳动力短缺直接导致了劳动力成本上涨。

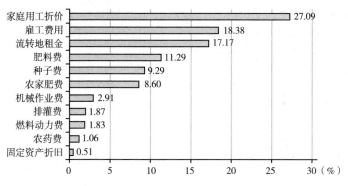

图4-1　有机菜花生产成本构成情况

其次是流转地租金，占总成本的17.17%。考虑认证到成本和实际需要，有机认证一般是对成片土地进行检测和认证，而且在周边需要设隔离带，农户自己承包的土地落在经过有机认证的土地范围内的概率较小，因此农户主要在租用经过认证的土地上进行有机蔬菜种植。土地的规模是有限的，再加上受粮食补贴政策的影响，如果转入土地原来是种植粮食的，需要再支付125元/亩作为补偿，调研地的个别土地每亩流转租金高达1000元。

商品有机肥费用在有机菜花成本结构中处于第三位，占总成本的11.29%，有机菜花需要施用的商品有机肥和少量农家肥均由订单公司提供，单价和施用量都是给定的，农户没有议价权。除了商品有机肥，物质服务费用中的种子费和农家肥费占总成本的比例相对较高，为9%~10%。其他费用所占比例较低。

有机菜花的售价由订单公司规定，收购价格水平自20世纪90年代以来几乎没有改变，平均价格为0.95元/斤。每亩净利润为610.95元，成本利润率为31.41%。

（2）常规菜花成本收益情况。在常规菜花的生产成本结构中（见图4-2），比重最大的是家庭用工折价，占总成本的45.40%。在菜花生长过程中，化肥（主要是复合肥）投入成本较大，肥料

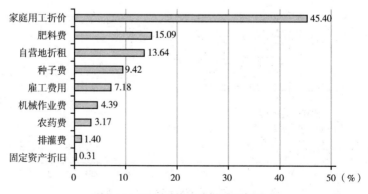

图4-2　常规菜花生产成本构成情况

费成本占总成本的 15.09%。自营地折租的机会成本占总成本的 13.64%，种子费和雇工费用占总成本的 7%～10%，其余成本所占比例较小。常规菜花每亩净利润为 801.11 元，成本利润率为 49.66%。

4.1.3.4　两种种植方式的成本比较

（1）劳动力成本。有机菜花的机械作业费低于常规菜花，人工成本明显高于常规菜花，说明有机菜花相对来说是劳动力密集产业，单位面积的耕地需要投入更多的劳动力，一些发展中国家将发展有机农业看作是增加农村劳动力就业的契机。据调研，每亩有机菜花平均需要 24.15 个人工，而常规菜花仅需要 15.1 个人工，两者用工的差别主要体现在有机菜花人工除草、人工除虫等田间管理用工量上，常规菜花由于允许使用化学合成的除草剂和农药，田间管理并不需要太多人工。因此，家庭用工已不能满足有机菜花的劳动力需求，需要雇用更多的劳动力，雇工工日和雇工成本明显高于常规菜花。

（2）土地成本。调研地有机农户种植有机菜花主要是利用流转土地，平均土地成本为 333.88 元/亩。而常规菜花主要是在自有承包土地上种植，没有土地流转费用，从整体来看，如果算上自营土地的机会成本，有机菜花土地成本是常规菜花的 1.52 倍。

（3）物质与服务费用。包括肥料、农药、种子、机械、排灌等投入。常规菜花的农药费用和商品肥费用均高于有机菜花，有机菜花的生物农药费用仅为 20.54 元/亩，仅为常规菜花施药费用的 40%；有机菜花肥料费用为 219.65 元/亩，比常规菜花低 10%。有机菜花在种植过程中，综合利用轮作、休耕①等生态恢复措施和黄蓝板、性诱剂等生物防控措施来防虫、治虫和恢复地力，因此农药和商品肥费用相对较低。

---

① 从当年 11 月到次年的 3 月实行休耕，提高土壤自我修复功能。

根据有机生产标准，有机菜花的种子也必须是经过有机认证的，有机种子售价高于常规种子，而且种子价格和用量也均由订单公司提供和出售，农民只能被动接受，因此有机菜花每亩种子的费用要高于常规菜花近20%，这也是导致有机菜花生产成本高于常规菜花的主要原因之一。

（4）其他成本。一般来说，区别于常规菜花，有机菜花还有有机认证、有机转换期和建立隔离缓冲带等方面的费用，但由于调研地有机蔬菜生产组织形式为"公司＋基地＋农户"和"公司＋合作社＋农户"，这些费用由订单公司或合作社承担，不由农户直接支付，所以农户没有这些方面的支出。

总体来看，有机菜花的生产成本高于常规菜花，单位面积生产成本是常规菜花的1.21倍，主要原因是有机菜花高额的劳动力成本、土地成本、种子成本。

4.1.3.5 两种种植方式的产值和收益比较

为了降低病虫害发生概率，有机菜花的种植密度一般低于常规菜花，再加上有机肥的肥效相对于尿素、钾肥等化学肥料来说比较缓慢，有机菜花的平均单产水平为2690.60斤/亩，低于常规菜花，低于常规菜花218.48斤/亩。调研地有机菜花由3~4家有机食品加工公司进行收购，售价由订单公司制定，平均价格为0.95元/斤，2012年常规菜花的行情较好，当年常规菜花的价格为0.83元/亩，虽然低于有机菜花价格，但两者差距只有15%，总体来看，单位面积的有机菜花产值高于常规菜花。然而由于每亩有机菜花的生产成本是常规菜花的1.21倍，有机菜花的成本利润率仅有31.41%，常规菜花的利润率近50%，有机农户的净利润仅为610.95元/亩，比种植常规菜花低近200元/亩。家庭用工折价实际上是劳动力的机会成本，如果把它剔除，有机菜花和常规菜花的净收益分别为1137.93元/亩和1533.62元/亩，两者之间的差距更大。

通过实地调研了解到，农户之所以选择继续生产有机菜花，没有转向常规菜花的生产，主要原因有三点：一是有机菜花虽然比较效益低于常规菜花，但由于是订单生产，能保证基本收益，生产没有风险；二是当地农户除了主要种植有机菜花，还会生产如有机香料、有机豆类等有机蔬菜品种，这些品种比较效益高，可以中和有机菜花的比较效益；三是有机生产的土地都是经过检测和有机认证的，如果转向常规生产，之后再想继续有机蔬菜的种植，则需要进行重新检测认证，而且必须经过三年的转换期，存在隐性的风险和损失。

综合以上分析，有机菜花对农户收入的增长有限，主要原因是收购价格多年不变，在现有生产技术条件下，有机菜花的亩产提高的空间有限，而各种投入成本尤其是劳动力成本从长期来看呈上升趋势，压缩了有机农户的收入空间，使得有机菜花的收益低于常规菜花。国内外一些学者也通过实地调查的方法对希腊的有机橄榄生产（Vangelis Tzouvelekas et al.，2001）、西班牙的有机柑橘生产（Juan Fco et al.，2006）、中美洲的有机咖啡生产（Bernard Kilian et al.，2006）、黑龙江的有机水稻生产（张新民等，2010）的生产成本和常规成本分别作了比较，也得出了相同的结论。这是因为多数中等发达国家和发展中国家的有机农业主要以出口为导向，在出口价格和出口数量上没有话语权，生产技术和管理方法相对发达国家比较落后，而且从长期来看，在有机农业发展初期的劳动力成本优势会逐步被抵消，很难达到大幅度提高农业生产者收入的目的。

4.2　有机菜花的生产技术效率及其影响因素分析

从有机菜花和常规菜花的成本收益比较分析可以看出，在生产成本尤其是劳动力成本和土地成本对有机农户收益挤占的情况下，有机农业生产者能否获得更高的溢价，取决于能否在现有技术水平下提高生产技术效率（尹世久等，2008；Vangelis Tzouvelekas et al.，2001；Muller，1974；Shapiro and Muller，1976；Birkhaeuser et al.，1991）。

国外已有学者（如 Vangelis Tzouvelekas et al.，2001；P. Toro-Mujica et al.，2011；Wirat Krasachat et al.，2012）开始对有机农业不同品种的生产技术效率进行测算，国内对有机农业生产方面的分析大多数集中在农户收入、劳动力转移、转换期风险等方面的分析（包宗顺，2000，2002；尹世久等，2008，2013；陈森发等，2009），这些研究主要是对有机农业生产状况进行描述性归纳和分析，仅有极少数研究涉及生产效率方面，例如，张新民等（2010）分析了有机蔬菜和有机水稻的生产技术效率，并找出了部分影响因素，但并没有比较不同种植规模对生产技术效率的影响。对于我国有机农业发展而言，生产效率的衡量和提高是一个值得研究的议题。本书利用随机前沿方法，实证分析有机菜花生产技术效率，并找出影响因素，对于我国有机农业的产业发展具有重要的参考意义。

4.2.1 研究方法

生产技术效率衡量的是投入产出的效率（Coelli et al.，1998），反映的是生产者在既定投入水平下和给定生产要素的组合下，实现产出最大化或在既定产出水平下实现投入最小化的能力（Kumbhakar et al.，1953），通过比较实际产出与理想最优产出之间的差距可以得出生产者的综合效率。前者用实际产出与理想最优产出的比值衡量，后者用实际投入与理想最优投入的比值衡量。前沿生产函数分析是目前普遍用于对生产技术效率测度的方法，分为参数方法和非参数方法。参数方法是首先构造一个具体的函数形式，基于该函数形式，运用最小二乘法或最大似然估计法对函数中的各个参数进行计算；非参数方法是根据投入产出，构造出包含所有生产方式的最小生产可能性集合，非参数方法直接采用线性规划的方法计算前沿面（Lovell et al.，1993；Coelli et al. ，1995）它的局限性在于不能体现样本的统计特征，不能反映样本计算的真实性。因此，本书采用参数方法来分析生产技术效率。

围绕误差项的确立，参数型前沿生产函数又分为确定性和随机性两种方法。前者将影响产出的全部误差项全部纳入为生产非效率，而随机前沿生产函数（Stochastic Production Frontier，SPF）不仅考虑了随机因素对产出的影响，在确定性生产函数的基础上又将随机扰动项分为随机误差项和技术效率损失两个部分（Aigner et al. ，1977）。因此本书采用随机前沿生产函数分析调研地农户的有机菜花生产技术效率。随机前沿生产函数方法最早由 Aigner，Lovell 和 Schmidt 以及 Meeusen 和 Van Der Broeck 在 1977 年独立同时发表的两篇文献中分别提出。随机前沿生产函数模型的一般表达式为：

$$Y_i = f(X_i; \beta) \times \exp(\varepsilon_i), \varepsilon_i \equiv \nu_i - \mu_i$$

式中，Y_i 为产出，X_i 为各种投入的矩阵，β 为技术效率的估计系数，$f(\cdot)$ 为最优生产前沿函数，ε_i 为误差项，它由两部分组成，ν_i 是由随机因素造成的误差，一般假定 $\nu_i \sim$ i. i. d. $N(0, \sigma_\nu^2)$；μ_i 是与技术无效率相关的非负随机变量，假定 $\mu_i \sim N^+(m_i, \sigma_\mu^2)$，且独立于 ν_i。可利用技术无效率项所占误差项的比重来衡量随机前沿生产函数的设定是否合理，即 $\gamma = \sigma_\mu^2 / (\sigma_\nu^2 + \sigma_\mu^2)$，$0 \leqslant \gamma \leqslant 1$，如果 $\gamma = 0$，说明实际产出与理想最优产出之间的误差主要来源于随机扰动项 ν，与效率损失无关；如果 $\gamma \rightarrow 1$，说明实际产出与理想最优产出之间的误差主要来源于技术效率损失 μ。如果存在技术效率损失，进一步，可将效率损失方程定义为：

$$m_i = \delta_0 + \sum_{n}^{N} \delta_n Z_{ni}$$

式中，Z_{ni} 为影响 i 生产单位技术无效率的 n 个解释变量的向量矩阵，δ_0 和 δ_n 为对应的待估参数。利用极大似然法可对前沿生产函数模型与效率损失模型的参数进行估计，得到参数值后，技术效率（TE_i）方程则可表达为：

$$TE_i = E[\exp(-\mu_i) \mid \varepsilon_i] = E\left[\exp\left(-\delta_0 - \sum_{n=1}^{N} \delta_n Z_{ni}\right) \mid \varepsilon_i\right]$$

4.2.2　数据来源及实证模型

4.2.2.1　数据来源

有机菜花投入和产出数据来自问卷调研的有机菜花种植的实际数据，调研所在地肥城市是我国最大的有机蔬菜生产基地，有机农业发展历史悠久，有机生产标准化程度高，有机蔬菜种植比例较高，对此地区进行有机蔬菜生产技术效率的研究比较具有代表性和典型性。肥城市有机蔬菜生产组织形式主要是"公司 + 基地 + 农户"和"公司 + 合作社 + 农户"的形式，所种品种基本上由公司订单所决定。由于当地农户与订单公司所签订的收购价格多以来几乎没有改变，由订单公司先行提供，后在销售款中一并扣除的有机商品肥、种子、生物农药等物质费用在最近几年的变动也较小，连续三年每年的投入产出变化并没有明显区别。

由于数据的可获得性和产业发展的特殊性，国外学者利用随机前沿生产函数对有机农业生产技术效率研究所采用的面板数据的时间跨度较短，如 Vangelis Tzouvelekas 等学者在对希腊有机橄榄的生产技术效率研究时采用的数据时间跨度仅为 1995～1996 年两年；或直接采用截面数据，如 Toro-Mujica 等学者对西班牙有机奶用绵羊的养殖技术效率以及 Wirat 对泰国有机榴梿的生产技术效率进行研究时，分别采用的是 2008 年和 2011 年的截面数据。因此，基于调研数据可获得性的实际情况，本书估计菜花生产技术效率采用的数据是 2013 年山东肥城有机菜花投入和产出的截面数据，样本容量为 61 个。

4.2.2.2　实证模型构建及变量选择

本书采用随机前沿生产函数模型分析有机菜花的生产技术效率。在选择具体的生产函数形式时，有许多学者选择 C－D 函数形式来估算生产技术效率（Battese and Coelli，1992；何枫，2004；谢建国，2006）。但由于 C－D 函数的前提是假定所有样本使用相同的生产技术，因此本书采用满足所有约束条件，并且更具弹性的超越对数生产函数形式，以减少模型的设定偏误。具体的函数形式如下：

$$\ln Y_i = \beta_0 + \sum_j \beta_j \ln X_{ji} + \frac{1}{2} \sum_j \sum_k \beta_{jk} \ln X_{ji} \ln X_{ki} + v_i - \mu_i$$

式中，Y_i 表示菜花的产出，j，k 表示各种投入，包括劳动力、土地、物质费用等投入，i 表示生产者单元。

影响有机菜花生产技术效率的因素很多，本书主要考虑户主的受教育程度、从事有机农业生产的年限、家庭劳动力投入占劳动力总投入的比例、有机农业收入占家庭总收入的比例、规模因素和地区因素。[①]

技术效率损失方程为：

$$m_i = \delta_0 + \delta_1 ED_i + \delta_2 OT_i + \delta_3 HL_i + \delta_4 OI_i + \delta_5 S_i + \delta_6 D_i$$

根据调研地有机菜花种植的实际情况，将种植规模划分为：种植规模 ≤10 亩，为小规模；10 亩 < 种植规模 ≤50 亩，为中等规模；种植规模 > 50 亩，为大规模。调研对象有四个村，在气候、土壤和有机农业发展状况等方面存在差异，因此将 D_i 为地区

[①]　一般研究常把灾害因子设为技术效率损失因素，但本书的调研地因地理条件和自然条件较好，再加上经过多年有机栽培，生态恢复较好，极少发生自然灾害和病虫害，所以本书在计算技术效率损失时，灾害因子不计入内。

虚拟变量，其中济河堂村有机农业发展起步最早，规模较大，设为1，其他村设为0。δ为待估系数，当其为正时，说明该变量的增加会导致技术效率损失，当其为负时，说明该变量的增加会促进生产技术效率的提高。随机前沿生产函数和效率损失函数中的变量及说明见表4-8。

表4-8　　　　　　　　　　　变量及说明

	变量	说　　明	单位	弹性方向预期
生产函数变量	Y	有机菜花产量	斤	
	X_1	物质费用①	元/亩	+
	X_2	其他费用②	元/亩	+
	X_3	劳动力投入	工日/亩	+
	X_4	土地投入	亩	+
效率损失函数变量	ED	户主受教育年限③	年	-
	OT	家庭从事有机农业生产的年限	年	-
	HL	家庭劳动力投入占劳动力投入比例	%	+
	OI	有机农业收入占家庭总收入比例	%	-
	S	种植规模虚拟变量，大规模=1，中规模、小规模=0		-
	D	地区虚拟变量，A村=1，其余=0		-

注：①物质费用主要指种子、农药、肥料（含农家肥）、燃料等方面的投入。
②其他费用主要指固定资产折旧、作业费等方面的费用。
③本书将教育共分为初等、中等和高等教育三类，其中小学教育年限为5年，初中为8年，高中及中专为12年，大专及以上为15年。

各变量的统计特征见表4-9。

表 4 - 9　　　　　　　　　　变量的统计特征

统计特征	单位	均值	标准差	最大值	最小值	样本量（个）
产量	斤	65761.97	74989.87	300000	2000	61
物质投入	元/亩	1182.23	432.10	2410	524	61
其他费用	元/亩	104.90	155.82	1120.5	30	61
劳动力投入	工日/亩	24.13	2.88	28	15.2	61
土地投入	亩	24.90	26.58	100	1	61
教育年限	年	10.56	1.82	13.00	5.00	61
从业年限	年	13.05	5.37	22	5	61
家庭劳动力占比	%	58	34	100	0	61
有机收入占比	%	70	31	100	0	61
大规模		0.20	0.40	1	0	61
中等规模		0.30	0.46	1	0	61
小规模		0.51	0.50	1	0	61
地区		0.33	0.47	1	0	61

在设定生产函数模型时，采用广义似然比统计量对随机前沿生产函数进行两个方面的假设检验。广义似然比统计量的计算公式为：

$$LR = -2[lnL(H_0) - lnL(H_1)]$$

式中，$lnL(H_0)$ 和 $lnL(H_1)$ 分别表示在零假设 H_0 和备择假设 H_1 下的对数似然率，LR 服从自由度为约束条件个数 m 的混合 χ^2 分布 （Coeli，1995）。在给定的显著水平 α 条件下，如果有 $LR > \chi^2_{(m)}$，则拒绝原假设，随机前沿生产函数模型有效，否则，接受原假设，随机前沿生产函数模型无效。

检验一：简单 C - D 生产函数是否适用。

C - D 生产函数和超越对数生产函数是随机前沿生产函数估计中常采用的两种形式，为比较两者哪个更适合本书，对 C - D 生产函数进行假设检验，如果所有二次项系数为 0 则适合采用 C - D 生产函数，反之采用超越对数生产函数。

检验二：生产函数模型中是否存在效率损失。

即检验随机前沿生产函数是否有效。如果生产函数模型中不存在效率损失，则采用普通最小二乘法（OLS）估计生产函数即可，无须采用随机前沿生产函数；如果效率损失存在，用 OLS 的方法进行估计数就是有偏和不一致的。随机前沿生产函数是否有效取决于技术无效率项所占误差的比重 γ 是否为 0，如果 $\gamma \to 0$，说明实际产出与理想产出的偏差来源于随机干扰项，不存在技术效率损失，平均生产函数就是生产的前沿面。

4.2.3 模型估计结果

Battese 和 Coelli（1993）提出利用最大似然法同时估计随机前沿生产模型和技术效率损失模型，从而避免了两阶段回归可能出现假定前后不一致的情况。本书基于这一方法，并采用于 1996 年编制的应用软件 Frontier 4.1 作为分析工具。在对模型进行分析前，对随机前沿生产模型和技术效率损失方程进行了假设检验，结果见表 4 – 10。

表 4 – 10　　　　　　　　假设检验

零假设	LR 统计量	5% 的临界值	1% 的临界值	检验结论
$H_0 : \beta_i = 0$, $i = 8, 9, \cdots, 35$	32.24	19.754	24.143	拒绝
$H_0 : \gamma = \delta_m = 0$ $m = 1, \cdots, 7$	18.34	8.104	10.437	拒绝

由表 4 – 11 可知，选择超越对数生产函数更适合本书对随机前沿生产函数的估计，同时，技术无效率项所占误差的比重 γ 在 1% 和 5% 的置信水平上都是显著的，说明技术无效率项对有机菜花的产出具有显著影响。

表 4 - 11　　　　模型估计结果

变量	系数符号	估计系数	t值	变量	系数符号	估计系数	t值
常数项	β_0	9.45***	10.0	劳动力×土地	β_{34}	0.65***	4.55
物质费用	β_1	0.29*	1.89	技术效率损失方程			
其他费用	β_2	0.95	1.12	常数项	δ_0	0.78	1.02
劳动力	β_3	1.89**	2.58	户主受教育年限	δ_1	-0.11*	-1.89
土地	β_4	0.12*	1.98	从事有机农业生产的年限	δ_2	-0.32*	-1.66
物质投入×物质投入	β_{11}	-0.61**	-2.74	家庭劳动力投入占比	δ_3	0.37**	2.55
其他费用×其他费用	β_{22}	0.14	0.69	有机农业收入占家庭总收入比例	δ_4	-0.24*	-1.96
劳动力×劳动力	β_{33}	-1.98***	-19.91	中规模	δ_5	-0.88***	-5.22
土地×土地	β_{44}	0.12	1.17	大规模	δ_6	-0.69***	-6.37
物质费用×其他费用	β_{12}	-0.45***	-6.0	地区	δ_7	0.31**	1.58
物质费用×劳动力	β_{13}	-3.22***	-7.21	σ^2		0.19	6.55
物质费用×土地	β_{14}	0.11	1.10	γ		0.96	137.2
其他费用×劳动力	β_{23}	0.21	0.24	似然对数值		62.27	
其他费用×土地	β_{24}	-0.09	-1.08	LR		42.25**	

注：***、**、* 分别表示估计量在 1%、5% 和 10% 的置信水平上显著。

4.2.3.1 随机前沿生产函数的估计结果

模型结果中 γ 的估计值在 1% 的置信水平上显著，并且十分接近于 1，说明实际产出与理想产出之间的差距主要是由生产低效率造成的。同时 LR 在 5% 水平上显著也说明随机前沿生产函数形式是合理的。

从随机前沿生产函数的参数估计结果来看，种子、农药、肥料等物质费用投入、劳动力和土地均与有机菜花的产量显著相关，并且影响方向符合预期，说明可以通过适度增加、物质费用投入、劳动力供给和种植规模可以显著提升有机菜花的产量。而固定资产折旧、作业费等其他费用虽然与有机菜花的产量也呈正相关关系，但对产量的影响并不显著。在平方项中，物质投入和劳动力的平方项与产量呈显著负相关关系，说明农户种植有机菜花并不能单纯依靠增加种子、农药、肥料和劳动力的投入来增加产量，在实地调研中也发现，农户会通过降低种植密度来保证有机菜花营养吸收和减少病虫害发生的机会，所以单位面积上种子和生物农药的施用量是有限度的。在交叉项中，物质费用和其他费用、物质费用和劳动力、劳动力和土地之间呈显著负相关关系，说明两者之间具有替代效应，一种要素的增加会引起另一种要素的减少。

4.2.3.2 效率函数的估计结果

从效率损失方程的参数估计结果来看，户主受教育年限、家庭从事有机农业生产的年限、有机农业收入占家庭总收入比例、种植规模和区域都是提高有机菜花生产技术效率的因素。

户主受教育年限的估计系数 δ_1 为负值，且在 10% 的置信水平上显著，说明户主的受教育年限与有机菜花生产的技术效率显著正相关，户主学历越高，对有机生产技术的接受和改进度会越大；从事有机农业生产年限的估计系数 δ_2 为负值，且在 10% 的置信水平上显著，说明随着从事有机生产的年限越长，对有机生产技术的掌握会越娴熟；有机农业收入占家庭总收入比重的估计系数 δ_4 为负值，且在10%的置信水平上显著，说明有机农业收入占家庭总收入的比重越大，家庭对有机生产会越重视，更倾向提高生产技术效率；同时，生产技术效率也存在规模效应和地区差异，种植规模越大，标准化越高，生产越规范，有资源条件优势和起步较早的济河堂村有机菜花的生产技术效率相对也高于其他村。这些结果与调研实际均相符。

由于估计系数为负，家庭劳动力投入占总劳动力投入的比例会导致效率损失，这是因为家庭劳动力占比越多，说明家庭还是以传统劳动为主，相对于主要以雇工从事有机生产的家庭来说，效率更低，V. Tzouvelekas 等学者在2001年对希腊有机橄榄的生产技术效率进行估计时也得出了同样的结论。

技术效率 $TE = \exp(-m_i)$，因此，根据参数估计结果，可将效率损失方程转换为技术效率方程，即：

$$\ln TE = 0.78 + 0.11ED + 0.32OT - 0.37HL + 0.24OI$$
$$+ 0.88S_1 + 0.69S_2 + 0.31D$$

4.2.3.3　分规模和分区域的生产技术效率

随机前沿生产函数估计在对生产函数和效率函数的参数进行估计的同时，也会对生产技术效率进行估计。

根据生产效率的估计结果（见表4-12），可以对分地区的不同种植规模的有机菜花生产效率进行划分和计算，结果见表4-13。从表4-13可知，济河堂村由于地理资源条件较好、起步发展较好，对有机菜花种植技术的掌握也较好，平均生产效率为0.89，高于周边的其他村。而无论是在济河堂村，还是在肥城市的其他村，大规模的有机菜花生产效率最高，中等规模次之，小规模最低。这表明，规模种植提高了有机菜花的生产效率，且大规模的种植效率具有最高的生产效率。这两个结果也与技术效率损失方程的分析结论一致。

表4-12   生产技术效率估计结果

序号	生产效率	序号	生产效率	序号	生产效率
1	0.89	22	0.79	43	0.96
2	0.94	23	0.91	44	0.64
3	0.91	24	0.98	45	0.68
4	0.84	25	0.76	46	0.73
5	0.85	26	0.71	47	0.97
6	0.98	27	0.84	48	0.98
7	0.88	28	0.56	49	0.93
8	0.81	29	0.63	50	0.52
9	0.89	30	0.63	51	0.64
10	0.83	31	0.89	52	0.65
11	0.82	32	0.98	53	0.75
12	0.90	33	0.94	54	0.63
13	0.99	34	0.99	55	0.60
14	0.97	35	0.98	56	0.83
15	0.90	36	0.92	57	0.98
16	0.89	37	0.98	58	0.83
17	0.93	38	0.80	59	0.89
18	0.86	39	0.81	60	0.98
19	0.61	40	0.75	61	0.81
20	0.89	41	0.87		
21	0.56	42	0.98		

表4-13   不同区域和规模的生产技术效率

规模类别	济河堂村	其他村
大规模	0.92	0.79
中等规模	0.89	0.71
小规模	0.85	0.65
平均效率	0.89	0.72

4.2.3.4 投入要素的产出弹性

由于超越对数生产函数模型中各投入要素系数不能直接反映投入对产出的影响（陈建新等，2011；王明利等，2011），可通过对超越对数生产函数的推导得出的产出弹性计算公式：

$$e_{1i} = \beta_1 + \beta_{11}lnX_{1i} + \beta_{12}lnX_{2i} + \beta_{13}lnX_{3i} + \beta_{14}lnX_{4i}$$
$$e_{2i} = \beta_2 + \beta_{22}lnX_{2i} + \beta_{21}lnX_{1i} + \beta_{23}lnX_{3i} + \beta_{24}lnX_{4i}$$
$$e_{3i} = \beta_3 + \beta_{33}lnX_{3i} + \beta_{31}lnX_{1i} + \beta_{32}lnX_{2i} + \beta_{34}lnX_{4i}$$
$$e_{4i} = \beta_4 + \beta_{44}lnX_{4i} + \beta_{41}lnX_{1i} + \beta_{42}lnX_{2i} + \beta_{43}lnX_{3i}$$

其中，$i = 1, 2, \cdots, 61$，分别表示第 i 个生产者，β 的值为表 4 – 14 中参数估计的结果，X_{1i}、X_{2i}、X_{3i}、X_{4i} 分别为生产者物质费用投入、其他费用、劳动力和土地投入的平均值。

表 4 – 14	投入要素的产出弹性		单位：%
物质费用投入	其他费用	劳动力	土地投入
0.16	0.05	0.51	0.21

从结果来看，生产者物质费用投入、其他费用、劳动力和土地的产出弹性都为正值，当它们分别提高 1% 时，产量相应会提高 0.16%、0.05%、0.51% 和 0.21%。从结果来看，劳动力对产出的弹性最大，说明劳动力增加可以显著提高当地有机菜花的产出，在实际调研情况中，我们也发现劳动力短缺是制约有机菜花面积和产量增长的重要因素，多数农户都反映农忙季节租不到工是其扩大种植面积的主要原因。

4.3 提高有机农业生产者经济效益的途径

本章通过对山东省肥城市 2013 年有机菜花的成本和收益进行实地调研，并运用随机前沿生产函数分析方法对 61 个有机菜花生产者的技术效率进行测算，得出以下结论：

有机菜花高额的土地、有机种子和有机肥成本，再加上劳动力需求大，劳动力成本也高，使得机菜花的生产成本明显高于常规菜花，单位面积生产成本是常规菜花的 1.21 倍，而产量低于常规菜花。种子、农药、肥料等物质费用投入，固定资产、灌溉等其他费用，劳动力和土地均与有机菜花的产量正相关，说明可以通过适度增加这些投入要素的数量提高有机菜花的产量。在市场上，有机菜花的售价是常规菜花的 3 倍以上，但在订单农业的生产组织方式中，农户处于相对弱势的地位，并不能享受到有机产品的溢价，有机菜花的利润率和收益均低于常规菜花，有机菜花对农户收入的增长有限。有机菜花的实际产出水平与前沿产出水平之间还有差距，生产技术效率水平还有待提高。传统的家庭经营方式和小规模种植是造成有机菜花生产技术效率损失的主要因素。

针对以上结论，为提高有机农户的收入，可以从以下三个方面着手：

（1）减少物质投入品的投入，提高物质投入品的利用率。有机农业区别于常规农业，除了不使用人工合成的农药、化肥、生长调节剂等限制，核心就是遵循自然规律和生态原理，利用可持续发展的农业技术以维持持续稳定的农业生产体系。因此，应提高生物农药、有机肥等投入品的利用率，并且通过一系列农业技术达到肥料自我满足，如种植豆科植物起到恢复地力，增加土壤养分的作用；农户可以按照有机生产标准堆积和沤制农家肥，这些方式都能达到减少成本的目标。

（2）各级政府应加大对有机农业的支持。有机农业在提高农产品质量的同时，对生态环境也会产生积极的影响，具有正的外部性，因此有机农业的发展需要各级政府的大力配合和支持。目前，我国仅有部分有机农业发展较好的地区，如辽宁、上海、四川等地对有机农业生产和认证进行补贴，但补贴范围和力度都比较有限，缺乏全国范围内统一的对有机农业的鼓励和扶持政策。因此，应借鉴欧美等发达国家或地区的做法，对有机从业者尤其是处在转换期的生产者给予适当的补贴，降低生产成本和交易成本。

（3）鼓励农户适度规模化经营。小面积有机种植在生产技术、标准和效率上都难以保证，在产品销售上难以形成规模效益，生产者也没有能力与收购者定价议价。有机农业生产必须具备一定规模，生产者才能享受到有机农产品的溢价。因此，可以鼓励农户适度规模化经营有机农业，在调研中，个别村给予农户 100 元/亩的流转土地租金补贴，在提高农户扩大规模的积极性上收到了较好的效果。

第5章 中国有机农产品消费及需求分析

有机农产品作为一种安全、健康的产品，日益受到消费者的认知和接受。全球有机农产品消费市场主要集中在发达国家，而且有机农产品消费额以每年 20% ~ 30% 的速度增长。近年来，我国有机农产品市场由原来的出口导向转变为国内消费逐渐打开，根据国际有机联系 IFOAM 预测，中国将成为第四大有机食品消费大国，有机食品消费将占食品消费市场的 1% ~ 1.5%。有机农产品的消费需求从宏观来看受到国内经济、政策、文化和技术等多方面因素的交叉影响，但在微观上，消费者掌握有机农产品市场需求方面的最终决策权，在推动有机农业发展上起着举足轻重的作用。因此，从消费行为分析入手，研究如何扩大有机农产品市场的消费需求，对于促进中国有机农业的发展和扩大内需具有重要的实践意义。

5.1 中国有机农产品消费趋势和特征

在亚洲，大部分有机农产品销售都在经济比较发达的国家和地区进行，如日本、韩国、马来西亚、新加坡，以及我国香港、台湾地区。亚洲其他大部分国家的有机农产品生产主要以出口为导向，本土生产的有机农产品消费地在国外，而在一些国家如印度、中国和泰国，以往的有机农产品生产也是以出口为主，但已逐渐开始满足日益增长的国内市场的需求（FiBL and IFOAM，2013）。这些国

家的消费者一般出于对食品安全和生态环境保护的考虑来购买有机
农产品，而频发的食品安全丑闻更激发了有机农产品国内消费的
需求。

全球贸易中心（International Trade Center，ITC）将中国有机
食品消费者可划分为 8 类，白领家庭、有小孩的家庭、有病人的家
庭、海外归国者、港台来大陆经商者、公务员、年轻人、来华工作
或生活的外国人。其中，白领家庭有机食品消费份额占市场总额的
40%，是有机食品消费最多的一类人群。消费者购买有机食品有以
下三方面原因：

（1）有机食品质量安全系数高。国内有机食品消费者更关注
的是食品质量，认为有机食品更有营养价值、更安全。因为相较于
常规农产品，有机食品从生产、加工到流通的各个环节都必须遵循
有机农业标准，有严格完整的质量管理和质量追溯体系。因此，有
机食品通常不会有转基因成分和人工合成的化学添加剂，食用更加
安全。但近年来也出现了对有机农产品质量的质疑，一是有机农业
生产过程中的微生物、重金属和生物毒素等同样会对农产品质量产
生不良影响；二是由于有机监管体系的不完善导致一些有机食品
"名不符实"的现象时有发生。

（2）有机食品营养和口味更好。由于有机农业以遵循自然规
律的方式生产，很多消费者认为有机食品的营养和口味比常规农
产品更好，更能凸显食物原有的味道。一些研究也证实有机蔬果
中的铁和锌等矿物质含量更高。然而关于有机食品更有营养的说
法还是遭到众多专家和研究的质疑，并且认为关于有机食品口味
更好的说法也只是感官和经验得出的结论，无法用科学实验予以
证实。

（3）推动生态环境保护事业的发展。与常规农业相比，有机
农业生产能够保障农业生产系统内生物的多样性，提高养分和能量
的利用率，改良农业景观，在生产的同时可以节约资源、改善整个
农区生态环境。

5.2 消费者对有机农产品消费行为及影响因素分析

有机农产品的消费需求从宏观来看受到国内经济、政策、文化和技术等多方面因素的交叉影响，但在微观上，消费者掌握有机农产品市场需求方面的最终决策权，在推动有机农业发展上起着举足轻重的作用。在国际市场对安全农产品需求日趋增加以及国内安全农产品供给不断增长的背景下，国内安全农产品的市场需求却增长缓慢（马骥等，2009），而作为安全农产品中层次最高的有机农产品在国内全部食品市场上的份额还不到千分之一（于维军等，2005）。因此，从消费行为分析入手，研究如何扩大有机农产品市场的消费需求，对于促进中国有机农业的发展和扩大内需具有重要的实践意义。

消费者购买行为是消费者购买商品的活动和与这种活动有关的决策过程（纪宝成等，2008）。一般的研究都集中在消费者对农产品这个总体的消费行为上，本书选取有机农产品为主要研究对象，深入分析不同消费者对有机农产品的认知和购买行为。

消费者购买行为是与购买商品相关的各种可见的活动，如收集信息、比较、购买、购买后的反应等（纪宝成等，2008）。消费者购买商品的过程实际上是一个确认需求→信息搜索→信息评估→决定购买→购后评价的复杂过程，它们在实际购买发生之前已经开始，并且一直延续到实际购买之后。这些过程受到消费者个体特征、社会文化背景以及消费者心理等因素的影响，也是这些因素相互制约和作用的结果。

5.2.1 消费者对有机农产品的购买行为过程分析

消费者的整个购买行为过程可分为五个前后相继的阶段，但在实际生活中，消费者往往会省去其中的某个环节，也有可能会颠倒之间的顺序。

　　从第一阶段确认需求来看，由于目前国内食品安全问题频发，消费者对食品安全日益关注，对安全农产品的购买的欲望也越来越强烈，逐渐形成对有机农产品的购买动机和支付意愿。消费者对安全农产品的需求是形成有机农产品消费的最根本动力。

　　第二阶段是信息搜索，在消费者形成了对有机农产品的购买动机后，如果不熟悉有机农产品的情况，他们往往会有意识地通过查阅或问询亲友等方式积极地去了解有机农产品品牌、质量、价格和功能等方面的信息，或者无意识地在接触到关于有机农产品信息时会更容易或愿意接受。信息收集的多少，取决于消费者对有机农产品消费驱动力的大小，以及收集信息过程的难易程度。

　　经过信息搜索阶段后，消费者通过对有机农产品知识的掌握，会逐渐缩小产品品种或品牌的购买范围，最终确立偏爱的品牌或品种，这一过程就是第三阶段——信息评估。此时，消费者会根据生活中自己饮食特点和印象中对食品品质的要求，采取一系列评估方法，对所有的农产品品种和品牌进行筛选。

　　在确定购买品种和品牌后，消费者开始采取购买行动，此时会做出一些更具体的购买决策，如何时购买，在哪购买，如何购买，购买多少，等等。需要注意的是在第四阶段消费者不一定会实现或立即实现其购买意向，在上一阶段，消费者通过信息收集，有可能因为价格高、识别真伪困难、购买难等因素，会中断或暂停购买行为。

　　如果购买行为顺利进行，消费者对买到的商品会做出购后评价，评价行为一方面会影响到消费者自己今后的相关消费，另一方面通过交流和反馈，消费者会对周围的人进行影响。

5.2.2　数据来源与样本基本情况

5.2.2.1　数据来源

鉴于我国城市众多、南北地域和发达程度的差异，各城市消费者接受信息的先后、对有机农产品的认知程度、消费者收入和支出水平、消费习惯等也不尽相同。因此，有必要选择多个具有代表性的城市进行消费调查。本书选择收入水平较高、消费意识比较领先、有机食品市场潜力较大的北京、上海、广州和哈尔滨四个城市进行消费行为调查。目前有机农产品种类繁多，研究选择国内市场覆盖面和认知度相对较高的有机蔬菜作为主要调研对象。

研究采用的数据来源于 2011～2012 年对四个城市的城镇居民对有机农产品和有机蔬菜的随机抽样调查。调查采用一对一问卷访问的形式进行，并且为了保证地区之间样本的平衡和提高样本对总体的拟合度，本书以 1：1：1：1 的比例随机向四个城市发放调查问卷，共发放问卷 1200 份，四个城市各 300 份。样本平均分布在四个城市的主要城区，如北京是选择在东城、西城、崇文、宣武、海淀、朝阳、丰台、石景山八大城区各随机调查 38 份样本，上海是选择在黄浦、卢湾、虹口、闸北、杨浦、静安、普陀、长宁、徐汇、浦东新区十大中心城区各随机调查 30 份样本，这样保证了样本的随机性和代表性。通过对问卷质量和数量的审核，共回收有效问卷 1120 份，其中北京 289 份，上海 282 份，广州 279 份，哈尔滨 270 份，问卷有效率约为 93.3%，样本数量在置信度上可以通过。

5.2.2.2 样本的基本特征描述

本书随机样本按不同地区分层抽样的方法抽取，在 1120 份有效问卷中，被抽查者的基本统计特征如下：

（1）性别和年龄。从被调查者性别和年龄来看（见表 5－1），女性人数最多占被调查者总数的 63.9%；受访人平均年龄 42 岁，其中 40～49 岁年龄段的人数最多，占总人数的 35.22%；其次是 30～39 岁者，占总人数的 28.64%。

表 5 - 1　　　　　　　　　　被调查者性别和年龄状况

统计项	性别		年　　龄					
	男	女	20 岁及以下	21 ~ 29 岁	30 ~ 39 岁	40 ~ 49 岁	50 ~ 59 岁	60 岁以上
人数（人）	404	716	6	156	321	394	183	60
比例（%）	36. 1	63. 9	0. 58	13. 91	28. 64	35. 22	16. 32	5. 33

（2）家庭情况。从被访者家庭情况来看（见表 5 - 2），
86. 09% 的被访者已婚；11. 82% 的受访者家中有老人，42. 96% 的
受访者家中有小孩。

表 5 - 2　　　　　　　被调查者婚姻及家庭组成情况

统计项	婚姻状况		家中有老人	家中有小孩
	已婚	未婚		
人数（人）	964	156	132	481
比例（%）	86. 09	13. 91	11. 82	42. 96

（3）受教育程度。从被访者的文化程度来看（见表 5 - 3），
高中及技校毕业者人数最多，占全部受访者的 47. 12%。其次为大
学毕业（含本科和专科）者占 33. 13%，初中及以下的人群占
18. 90%，研究生学历（含硕士和博士）者占 0. 75%。

表 5 - 3　　　　　　　　　被调查者受教育程度

统计项	小学	初中	高中	技校	大专	大学	硕士	博士
人数（人）	29	183	444	84	247	124	8	1
比例（%）	2. 58	16. 32	39. 63	7. 49	22. 06	11. 07	0. 67	0. 08

（4）家庭收入状况。在 1120 份有效样本中，有 205 位受访者
家庭全年收入在 6 万 ~ 8 万元（见表 5 - 4），占全部受访者的
18. 3%；其次是 198 位受访者家庭年收入在 3 万 ~ 4 万元，占总数

的 17.68%；17.59% 的受访者家庭年收入在 8 万 ~10 万元。

表 5 -4　　　　　　　　被调查者家庭全年总收入

统计项	3 万元以下	3 万 ~4 万元	4 万 ~5 万元	5 万 ~6 万元	6 万 ~8 万元	8 万 ~10 万元	10 万 ~15 万元	15 万 ~20 万元	20 万元以上
人数（人）	2	198	150	185	205	197	107	55	21
比例（%）	0.17	17.65	13.41	16.49	18.32	17.57	9.58	4.91	1.92

（5）家庭食物消费支出占总收入比例情况。有约 31.07% 的受访者的家庭食物消费支出占总收入的 37% ~45%（见表 5 -5），其次是有约 20.45% 的受访者食物消费支出占总收入的 47% ~55%。

表 5 -5　　　　被调查者食物消费支出占总收入的比例情况

统计项	10% ~15%	18% ~25%	28% ~35%	37% ~45%	47% ~55%	56% ~65%	66% ~75%	80% ~95%
人数（人）	36	117	201	348	229	104	46	39
比例（%）	3.21	10.45	17.95	31.07	20.45	9.29	4.11	3.48

5.2.3　消费者对有机蔬菜认知行为分析

在问卷调查中，研究设计了一系列关于消费者对有机农产品和有机蔬菜相关知识的印象、看法等问题，以此了解消费者对有机农产品的认知情况。

5.2.3.1　消费者接触有机农产品的时间

在对四个城市消费者的问卷调查中发现（见表 5 -6），近一半的消费者在 3 年前就已经接触到"有机农产品"，近 30% 的消费者在最近 1 ~2 年接触"有机农产品"，而在调查当天首次听说"有机农产品"概念的占 3%。从区域来看，5 年前北京和广州就有超过三成的消费者知道"有机农产品"这个词汇，其次是上海有

21%的消费者5年前接触到"有机农产品",并且随时时间的推移,人们对有机农产品越来越了解,刚开始接触相关知识的人数也逐渐降低。相比之下,哈尔滨的被调查者对有机农产品的词汇知晓较晚,5年前仅有2%的消费者听说过有机农产品,而最近1年才听说过有机农产品的消费者占总调查数的37%,这说明哈尔滨有机农业的发展速度、深度和广度有很大的提升空间。

表5-6　　　　四个城市消费者对有机农产品知晓的时间

时间	北京		上海		广州		哈尔滨	
	人数（人）	比例（%）	人数（人）	比例（%）	人数（人）	比例（%）	人数（人）	比例（%）
5年以前	95	32.87	59	21	104	37.21	6	2.33
3～5年前	92	31.13	88	31	70	24.92	18	6.67
2～3年前	56	19.38	80	29	45	16.28	57	21
1～2年前	25	8.65	39	14	27	9.63	74	27.33
最近1年之内	15	5.19	11	4	20	7.31	99	36.67
今天首次听说	5	1.73	4	1	13	4.65	16	6
合　　计	288	100	281	100	279	100	270	100

5.2.3.2 消费者对安全农产品及有机农产品的认识程度

在我国,农产品按认证标准和要求的不同,一般分为四个等级:一般农产品、无公害产品、绿色食品和有机产品。通常把无公害、绿色和有机食品统称为安全农产品,它们有不同的生产标准,但经常容易被混淆。在问卷中,四个城市共有61.7%的被访者知道无公害、绿色、有机产品的区别,仍有38.3%的被访者不知道三者的区别。其中,北京有74%的被访者知道三者的区别,相对的是在哈尔滨仍有64%的被访者不知道。

当被问及对有机农产品包括种养殖方式、商品价值、销售价格、销售渠道等方面的认知程度时,仅有22%的被访者认为自己对有机农产品的认知比他人要多，这一比例在哈尔滨最高，为52%，可见消费者对有机农产品的认知程度还有待提高。

5.2.3.3 消费者对有机农产品的最深印象

在调研问卷中发现，消费者在购买蔬菜时最注重蔬菜的新鲜程度和安全性，然后是味道、价格和营养。在被问及对有机农产品的印象时，价格高和安全是最主要的特征，其中，24.7%的消费者把"价格高"排在了第一位，24%的消费者认为有机产品的主要特点是"安全"，17.2%的被访者认为有机食品"有利于健康"。另外，有6.5%的被访者认为有机产品"假货多"，说明相当一部分消费者不信任有机农产品的真实性。

5.2.3.4 消费者对有机农产品的信任度及鉴别方式

当被访者被问及附近销售的有机农产品中，有多少真正经过有机栽培生产时，消费者认为只有41%的有机农产品真正经过有机栽培。这一比例在上海最高，为63%，其次是北京和哈尔滨，分别为38.9%和34.7%，广州最低，仅有28.6%。

33%的被访者通过农产品产地的品牌来鉴别有机农产品的真伪，有20%和17%的消费者选择通过产地信息和媒体信息来鉴别。

5.2.4 消费者对有机蔬菜购买行为分析

5.2.4.1 消费者购买有机农产品的频率

超过半成的被访者在日常生活中购买过有机农产品，但经常购买的比例仅占总调查人数的12.2%，而且有机农产品的购买数量占农产品购买总量一半以下。33.5%的被访者从未买过有机农产品，经常购买有机农产品，且购买数量占农产品购买总量一半以上的消费者和所购买农产品都是有机的消费者只占很小比例，分别为1.9%和0.4%。

5.2.4.2　消费者购买有机农产品地点和方式

75% 的被访者选择在菜市场购买农产品，22% 选择在超市购买，少数人选择在专卖店和网店购买农产品。在购买过有机农产品的被访者中，41.5% 的消费者在超市购买，14.8% 在菜市场购买，9.6% 在专营店购买，通过网购和配送方式购买有机农产品的比例很低。

5.2.4.3　消费者对有机农产品的支付意愿

问卷设定如果一般蔬菜价格为 10 元，被访者愿意接受的有机蔬菜价格平均为 16.4 元，比普通蔬菜高出 64%。其中，北京被调查者愿意支付的有机蔬菜价格最高，平均为 22 元，高出普通蔬菜价格的 1.2 倍。其次是上海、广州和哈尔滨，分别是 15.7 元、14.7 元和 13.3 元。

5.2.5　消费者对有机农产品购买行为的计量分析

本书假定消费者自身的经济、社会特征以及对有机农产品的认知与购买决策行为之间存在着关联。但哪些因素对消费者对有机农产品的购买行为起决定性作用？影响方向和影响程度如何？下面通过建立线性模型，来分析影响消费者对有机农产品购买的因素及其影响程度。

将消费者是否购买有机农产品（购买 = 1，不购买 = 0）作为因变量，构造二元 Logit 模型：

$$Y = \beta_0 + \sum \beta_i X_i + \varepsilon$$

其中，β_0 为常数项；X_i 为影响消费者购买有机农产品数量的因素集，本书选择了 8 个自变量（见表 5 - 7），就它们对消费者购买决策的影响程度做出评价；β_i（$i = 0$，1，…，9）为待估计参数；ε 为残差项。

表 5 – 7　　　　　　　　　　模型中各变量定义及取值

变量序号	变量名称	变量含义	取值范围
X_1	年龄	被调查者年龄	18 ~ 88
X_2	受教育程度	小学 =1，初中 =2，高中 =3，技校 = 4，大专 =5，大学 =6，硕士 =7，博士 及以上 =8	1 ~ 8
X_3	是否为有老年人 的家庭	≥55 岁为老人，家庭中有老人 =1， 否 =0	0 ~ 1
X_4	是否为有小孩的 家庭	≤18 岁为小孩，家庭中有小孩 =1， 否 =0	0 ~ 1
X_5	家庭年收入	3 万元以下 =1，3 万 ~4 万元 =2，4 万 ~ 5 万元 =3，5 万 ~ 6 万元 =4，6 万 ~ 8 万元 =5，8 万 ~10 万元 =6，10 万 ~ 15 万元 =7，15 万 ~20 万元 =8，20 万 元以上 =9	1 ~ 9
X_6	可接受的有机蔬 菜价格水平	假定一般蔬菜价格为 10 元，被调查者 可接受的有机蔬菜的价格	10 ~ 60
X_7	对有机农产品的 认知程度	对于无公害、绿色、有机农产品的区 别，知道 =1，不知道 =0	0 ~ 1
X_8	对有机农产品的 信任程度	认为有机农产品中真正经过有机栽培生 产的比例	0 ~ 100%

利用 SPSS19.0 对变量进行二元 Logistic 回归，通过四个步骤的优化检验，剔除对因变量影响不显著的变量 X_1 后，得到的模型估计结果，见表 5 – 8。

表 5 – 8　　　　　　　　　　二元 Logit 模型估计结果

变量	B	S. E.	Wald	df	Sig.	Exp（B）
常数项	– 4. 225	0. 715	69. 552	1	0. 000 ***	0. 005
X_2	0. 009	0. 008	1. 219	1	0. 027 **	0. 991
X_3	0. 498	0. 211	5. 566	1	0. 018 **	1. 646
X_4	0. 077	0. 145	0. 279	1	0. 000 ***	0. 926

续表

变量	B	S. E.	Wald	df	Sig.	Exp（B）
X_5	0.208	0.039	28.393	1	0.000 ***	1.231
X_6	0.029	0.020	2.875	1	0.016 **	1.785
X_7	1.382	0.134	106.400	1	0.000 ***	3.982
X_8	0.004	0.003	2.430	1	0.012 **	1.004

注：** 表示在 5% 水平上显著，*** 表示在 1% 水平上显著；Exp（B）等于发生比率，用以解释变量变化一个单位给原来的发生比率带来的变化。

根据模型的估计结果，可以得出以下主要结论：

第一，消费者的年龄不是影响其购买有机农产品的主要因素。

第二，受教育程度正向影响消费者是否购买有机农产品，影响比较显著（P＜0.05）。由回归系数（0.991）可知，当其他因素不变时，拥有较高一级学历的消费者购买有机农产品的概率是较低学历消费者的 0.991 倍，学历越高，对新鲜事物的接受度和生活品质的要求相对要高，因此，更容易去接受和购买有机农产品。

第三，家庭中是否有 55 岁以上老人正向影响消费者是否购买有机农产品，且影响比较显著（P＜0.05）。当其他因素不变时，拥有 55 岁以上老人的家庭购买有机农产品的概率是一般家庭的 1.646 倍。一般来说，老年人对健康的诉求较高，更关注食品安全，家人也会受到影响。

第四，家庭中是否有小孩正向影响消费者是否购买有机农产品，且影响非常显著（P＜0.01）。目前城市中大部分家庭小孩都是独生子女，父母及家人对他们的健康非常关注。当其他因素不变时，这类家庭是购买有机农产品的比率是其他家庭的 0.926 倍。

第五，家庭年收入正向影响消费者是否购买有机农产品，且影响非常显著（P＜0.01）。当其他因素不变时，家庭年收入每提高一个等级（如从 3 万～4 万元提高到 4 万～5 万元），其购买有机农产品的概率增加 1.231 倍，家庭年收入越高的家庭一般消费能力越强，更容易接受价格较高的有机食品。

第六，消费者对有机农产品价格水平的接受程度越高，越容易购买有机农产品。

第七，消费者对有机农产品的认知程度正向影响其是否购买有机农产品，且影响非常显著（$P < 0.01$）。当其他因素不变时，能正确认知有机农产品内涵的消费者购买有机农产品的概率是不了解有机农产品的消费者的3.982倍。

第八，消费者对有机农产品的信任度正向影响其是否购买有机农产品，且影响比较显著（$P < 0.05$）。当其他因素不变时，消费者对有机农产品信任度越高，越倾向于购买有机农产品。由回归系数（1.004）可知，对有机农产品信任度越高的消费者购买有机农产品的发生比率是不了解的消费者的1.004倍。

消费者掌握有机农产品市场需求方面的最终决策权，通过对北京、上海、广州、哈尔滨四个城市的消费者调查，可以看出发达地区消费者接触有机农产品的时间较早，对有机农产品的认知较深；价格高是人们对有机农产品的第一印象，安全、健康、有营养等特点则排在其后，消费者基本上认同有机农产品价格比一般产品要高，并且在信任有机农产品安全性的前提下，消费者愿意用高出普通农产品64%的价格来购买有机农产品；多数消费者在日常生活中购买过有机农产品，但占家庭总食物消费支出的比例偏低；消费者通过品牌来确定是否相信产品是否确为有机食品，而非产品认证信息；影响消费者购买有机农产品的因素主要有消费者的学历、家庭年收入、家庭中是否有老人和小孩、对有机食品的认知和信任度等。

对于政府而言，应加大对有机农产品市场的监管力度，规范有机认证；对于有机农产品经营者，应准确进行市场定位，加强品牌宣传力度，并严格把控产品质量，提高品牌的可信度和美誉度；对于消费者，从自身需要出发，提高对有机农产品的认识程度，学会根据品牌、有机认证等信息来鉴别有机农产品的真伪。

第6章 有机农产品生产经营组织和市场流通方式

由于有机农业的产量相对常规农业较低，还需要支付高昂的认证费用，分散小农户的模式在有机农业生产中没有优势（Goklany，2002；Barrett et al.，2002），而且农户个体经营方式中，农户除了要负责生产，还要寻找销路，这对于农户来说挑战更大。农户的分散经营与有机农产品标准化高质量的要求也存在根本性的矛盾。因此，需要改变传统分散农户生产经营的模式。我国有机农产品生产经营组织模式的最突出特点就是公司化，而国外多以农户生产为主，这个区别从统计口径也可以看出来，我国在统计有机农业生产者数量时以公司为统计单元（我国目前没有对有机农户数量的全国统计数据），而国际上如美国农业部、IFOAM 等统计有机生产者时多以农户或农场为统计单元。同时，农产品市场流通是农产品所有权过渡和价值实现的过程，健全有序高效的流通渠道是一个产业建立与发展的基础（陆建飞等，2006）。有机农产品与普通农产品一样具有保存期限短和产品种类多样化的特性，同时相比普通农产品单位成本和价格都要高，因此，有机农产品的供应更需要专业化、高效率的流通渠道。

6.1 有机农产品生产经营组织模式

6.1.1 国外有机农业生产经营组织类型

欧美等发达国家和地区的有机农业主要以家庭经营的农场为基

本生产单元。以美国为例，美国有机生产以不同规模的农场为主，专业化程度高，而且大多数都以自负盈亏的企业化方式运营（唐其展，2004）。美国有机农业 95% 的销售额由 25% 的有机农场创造，而 31% 的有机农场的产品销售额在 5000 美元/年以下，由此可以看出美国有机农业生产规模差异较大。美国有机生产者有三个最主要特征（Greene et al.，2010）：一是农场规模小，平均只有280 英亩，而常规农场规模平均水平为 518 英亩；二是妇女参与率高，占有机生产者总数的 22%，而常规农业中女性参与率仅为14%；三是相比常规农业劳动力要年轻，有机农业生产者平均年龄为 53 岁，常规农业劳动力平均年龄为 57 岁。在美国同时还大量存在相当数量的有机农业合作组织，主要目标是维护有机农户的共同利益和销售有机农产品（焦翔，2009）。

6.1.2 国内有机农业生产经营组织类型

与发达国家相比，我国农村人口众多、土地分散、人均耕地少，目前农业生产仍以分散的小农户为主。分散经营的小农户和有机农业之间存在着矛盾，难以形成市场竞争力（张新民，2010），主要原因是农户生产规模小、单位面积需要分摊的认证和管理成本高，难以形成品牌效应和规模效应；单一农户的科技创新能力和技术推广能力较弱，无法跟上有机农业发展的步伐；农户缺少掌握市场信息和市场开拓的能力，难以实现有机农产品的溢价销售；在缺少组织监管的情况下，单一农户在生产过程中，在利益驱动下，易于产生机会主义倾向，违反有机农业生产规范，产品质量难以保证。因此，需要农户需要参与组织化的形式来进行有机农业生产。

"公司 + 农户"是目前我国有机农业生产中有效的组织模式，国内有机农产品生产经营组织类型的突出特征就是企业为龙头，以不同方式与农户有机联合，广泛参与有机农业生产。有机农业生产的"公司化"一方面提升了有机农业的生产效率，另一方面也是规避市场风险的重要手段，而且为农村剩余劳动力向有机农业转移提供了运作实体（陈森发，2009）。根据绿色食品中心提供的数据，截至 2012 年，我国有机食品企业数共有 685 个。按公司与农户之间的联合方式和主体不同分为"公司＋农户"、"公司＋基地＋农户"、"公司＋合作社＋农户"的三种方式。

6.1.2.1 "公司＋农户"模式

"公司＋农户"模式主要指公司与农户直接签订协议，由公司提供生产技术、物资和服务，部分公司还提供保护价格和保证优先收购，农户按合同规定进行生产，并定时定量向公司交售产品，企业再将产品进行加工出售。在这种生产经营模式下，多以农副产品加工或流通企业为龙头，通过合同契约的方式与农户之间形成利益联结体，将生产、加工和销售进行有机结合。

公司与农户直接对接的生产组织方式一定程度上节约了交易费用，降低了农户生产风险，提高农户收入，使有机农业生产成为可能，但最大的问题在于合作各方都可能出现机会主义倾向，如企业在市场价格下降时会放弃履行保护价的义务，农户在生产时为了提高产量，会出现违反有机标准的行为。

6.1.2.2 "公司＋基地＋农户"模式

"公司＋基地＋农户"是指以企业和集团为主导，以农产品加工、贸易企业为龙头，重点围绕单个或多个产品的生产、加工和销售，以基地为核心与农户进行有机联合，进行一体化经营。"公司＋基地＋农户"是国内有机农业生产中最常见的生产组织方式之一，基地是企业通过土地流转建立起来的集中生产地区，是联结农户与企业、农户与市场的有效媒介。

（1）"公司＋基地＋农户"模式的优点：

第一，便于公司对分散农户的机会主义行为进行监督和约束，有助于保障农产品质量。

第二，基地的集中生产模式，改变了传统的农业家庭分散经营方式，易于统一化管理，使生产规模和效率都能得以提升。

第三，有利于有机农业新技术推广。以往新品种、新技术和新的管理方式的推广都是以培训的方式灌输给农民，效果甚微，而通过直接参与基地生产，农户可以在实践中接受新技术，更利于新技术的推广和扩散。

第四，基地直接对接企业，一方面保障了企业原料供应，有利于企业降低收购成本，另一方面农户只需关注生产，不需考虑市场，可以获取稳定收入。

（2）"公司＋基地＋农户"模式的不足：

第一，企业除了抓生产和市场，还需要对农户进行监督和培训，管理成本比较高。

第二，企业需要将当地农户的土地进行流转才能进行基地建设，程序复杂，而且土地流转费用也在生产成本中占相当的比例。

第三，在这种模式下，企业与农户双方在互相信任的基础上，各自履行职责和义务，通常实行口头协议，很少签订书面合同，约束性不强。农户在此模式下处于相对弱势地位，与企业议价能力低，而且获得的工资收入也比较有限。

6.1.2.3 "公司＋合作社＋农户"模式

"公司＋合作社＋农户"是目前最为普遍的有机农业生产经营模式（张新民，2010）。在该模式下，企业通过与合作社联合，把分散经营的农户组织起来，实现专业化生产，并拓展加工、贸易和储运等业务。农户以社员的身份参与有机农业生产，合作社以增加社员收入为目标，在技术、资金、加工、信息和储运等环节实行自我管理、服务和发展。

（1）"公司＋合作社＋农户"有以下几个优点：

第一，充分调动农户有机生产的积极性。农户参加合作社后持有一定额的股份，会有相应的分红收益。该模式充分体现了农业生产领域多元股份化协作的特征，而且合作社主要目标就是服务社员对内不以盈利为目标，能切实维护农户利益，农户生产会更有积极性。

第二，减少了投机行为的发生。合作社成员之间相互了解，有利于互相监督，防止违反有机农业生产规范的投机行为发生，而且农户与合作社之间有契约关系，双方会从长远利益出发来约束各自行为。

第三，能有效提高生产效率。在该模式下，企业通过合作社将分散农户集中起来，统一生产、销售，实现了规模化生产，同时，也减少了企业对农户的管理成本和土地成本。

第四，增加了合作的稳定性。合作社以组织的身份与公司建立契约关系，双方违背契约的成本较大，同时由于力量均等，有利于提高合作的公平性，进一步增加了契约的稳定性。

（2）"公司＋合作社＋农户"模式存在的不足之处表现为：

第一，资金实力不足。合作社是由农户自发形成的合作组织形式，经济基础相对薄弱，这也是农村专业合作组织的一个劣势，有可能会导致合作社产生短期利益行为。

第二，发展的有限性。社员有"入社自愿、退社自由"的权利，除了舆论和道德的约束，合作社对农户并没有法律意义上的约束力。如果合作社不能给社员带来较高的收益，社员会逐步退出组织。

6.1.2.4 三种生产组织模式的比较

通过以上对三种国内主要的有机农业生产经营组织模式的分析，可以发现这三种模式都是对传统分散农户生产经营的创新，有利于推动有机农业的发展，公司或企业带动有机产业发展的作用不可轻视。

相较于"公司＋基地＋农户"和"公司＋农户"，"公司＋合作社＋农户"的模式一方面具有集约化规模化生产的优势，另一方面减少了管理费用和土地流转费用，而且合作社一般由当地的村委会和协会进行运作，农户和合作社的行为受较强的社会舆论和道德约束，减少了违反有机农业生产规范等投机行为的发生。可以说"公司＋合作社＋农户"的生产效率更高。但这三种模式各有利弊，并没有哪一种能称为最理想的生产组织方式，能在生产、加工、销售一体化的情况下，在生产者、加工者与销售者三者之间形成风险共担、利益均沾的运行机制（包宗顺，2002）。因此，不同的地区在选择有机农业生产组织模式时不能盲目照搬，而应根据当地农业资源、生产力发展水平、组织化程度和企业发展水平，以及当地有机农业生产所处的发展阶段来选择相应的生产组织形式，同时，在总结经验教训的基础上对有机农业生产组织模式不断进行创新。

6.2　有机农产品市场流通方式

农产品市场流通是农产品所有权过渡和价值实现的过程。有机农产品与普通农产品一样具有保存期限短和产品种类多样化的特性，同时相比普通农产品单位成本和价格都要高，因此，有机农产品的供应更需要专业化、高效率的流通渠道。经过专业化市场细分的流通方式不仅可以提高有机农产品的品质，满足不同消费者的个性化和多样化需求，同时也可以发挥价格竞争优势，降低企业成本。

6.2.1　国外有机农产品市场流通现状

发达国家有机食品市场的流通渠道日趋多元化。国内和海外生产商将产品以不同的流通渠道输入市场以供消费者选择，销售渠道主要包括以零售的方式为主，包括超市、自然食品专卖店等，还包括从生产者直接对接消费者的直销方式，如图6－1所示。

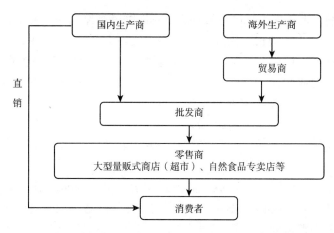

图6-1　国外有机农产品市场流通

目前，美国已成为全球最大的有机食品消费市场，市场规模大，有机农产品种类繁多，销售途径多样，根据美国有机协会OTA的资料显示，目前美国有机食品销售主要有四种渠道：自然食品专卖店占47%、大型量贩式超市占有机市场销售总额的46%、农产品直销市场（如农夫市集、社区支持农业等）占有机市场销售总额的7%、单位消费（如学校、医院、餐馆等）等方式占1%。其中以全食有机食品超市为代表的自然食品商店发展迅速，虽然随着沃尔玛等折扣连锁店的发展，有机产品市场竞争已空前激烈，但全食超市每年销售额仍能以两位数的比率增长，目前已成为全美最大的自然食品和有机食品零售商。

德国的有机农业生产已具有相当规模，有机农产品流通渠道多样，主要有[①]：有机食品专卖店，占市场份额的35%，商品主要有有机水果、有机蔬菜、有机奶制品、有机肉类及新鲜配菜等。该方式专业化程度高，主要依托大中型有机农产品批发配送中心进行货

———————————

① 根据农业部优质农产品开发服务中心对欧洲的有机农业考察报告进行整理而得。

源调剂，近年来，德国有机食品专卖店发展迅速，专卖店数量以每年10%的水平增长；传统食品商店，约占25%；农户直销，一是设立农场直销店，二是在专业市场进行柜台直销，三是根据订单直接宅配或配送，总体来说，农户直销约占有机农产品市场份额的20%，商品主要是有机水果、有机蔬菜和有机家禽等；健康食品商店，约占市场份额的10%；还有一些新兴的营销方式，如有机食品折扣店、网上订购和邮购等方式在德国也呈现良好的发展势头。

欧洲其他国家的有机食品流通渠道也各有不同，比利时、希腊、荷兰、意大利、法国、西班牙等国主要通过直销和自然食品专卖店销售有机食品，奥地利、瑞士、丹麦、芬兰、瑞典、英国等国家主要通过超市和大型量贩店销售有机食品。

在日本，有机农业联合会和国际农业研究基金会是最早从事有机食品销售的组织。经过近四十年的发展，日本国内建立了三种有机食品的主要流通渠道：一是通过商店和超市销售，以在高档超市销售为主；二是通过自然食品商店，目前日本的自然食品商店都是单独商店经营，尚未出现连锁的形式；三是通过直销将有机食品直接卖给消费者。

6.2.2 国内有机农产品流通方式

与发达国家相比，我国有机农产品市场起步较晚，其中一个重要原因就是流通渠道不健全（陆建飞等，2006）。我国国内区域经济发展水平不平衡，有机农产品的生产和消费区域比较分散，这些都增加了有机农产品的市场流通难度。从我国有机农业的发展现状来看，有机农产品的市场认知度和接受度的提高需要培育和利用市场流通系统。目前国内有机农产品流通方式主要有四种：超市、网络平台、专卖店和非认证的直销方式（见图6－2）。

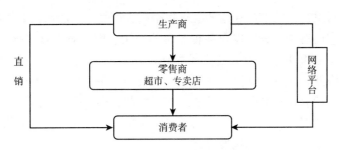

图6-2　国内有机农产品市场流通

6.2.2.1　以超市为渠道的有机农产品流通方式

目前我国有机农产品的主要流通方式是以超市为终端。近年来，一些外资品牌超市，如家乐福、麦德龙、沃尔玛等，还有如超市发、华联、易初莲花等国内品牌超市，都设有有机食品专柜。以超市为渠道流通的运行方式是有机食品生产企业或经销商驻店销售。家乐福是我国国内最早售卖有机食品的超市，目前家乐福在经济发展较好的各级城市都设有有机食品专柜，销售产品多以有机蔬菜、有机水果和有机杂粮等品种为主，国内一些有机食品销售额排名前列的公司，如北京有机农庄、青圃园和上海崇本堂等有机食品公司是家乐福最早的一批供应商，其生产的有机产品主要以超市为终端进行销售。各超市对有机食品销售的品种和方式都不尽相同，如沃尔玛对有机食品主要以贴牌销售为主，产品为有机杂粮、有机蜂蜜和一部分有机蔬果等。麦德龙与沃尔玛的有机食品营销方式相同，以贴牌销售为主，产品涵盖有机面条、有机肉制品、有机蔬果等，种类更多，而且产品相当一部分从意大利、德国等地进口。

超市为渠道的有机食品流通方式的优势在于超市客流量大，所有种类的农产品是超市销售的主要货品，而且超市在产品品牌宣传和推广方面有较强实力，但是由于超市在与供货商双方交易中处于主导地位，同时在目前市场越发重视食品安全和质量的大环境下，超市对供货商的产品质量的要求也很高，产品进入超市需要缴纳高昂的进店费、促销费以及各种名目的费用，而且有机食品损耗大，如果企业想通过超市来建立品牌比较困难，而且会耗费较长的时间，因此，这种方式更适合资金实力较强、品牌在市场上已被消费者认可的有机食品公司，如北京的留民营、小汤山等食品企业。国内本土的有机食品企业大多为新兴的小型企业，并不适合采取以超市为渠道的有机食品流通方式。

6.2.2.2　以有机食品专卖店为渠道的流通方式

欧美等发达国家有机食品销售最主要的渠道之一就是通过自然食品专卖店，而在我国，有机食品专卖店并未成为渠道主流。有机食品专卖店的优势在于通过消费体验活动，更易于被消费者认知和接受。但劣势在于门店模式的运营成本较高；基地能供应的产品数量和种类与超市相比微不足道，难以满足消费者多样化的需求。

我国第一家有机食品专卖店 Ostore 于 2005 年在上海开业，销售的产品主要是公司从海外进口的有机产品，而且在销售有机产品的同时，还设有咖啡馆和餐厅，并开展针对上海消费者的家庭宅配。但由于其供应链的不完整，往往产品从海外到中国，已层层加价，到最后消费者手中已"价格惊人"，因此销售一直低迷，最终 Ostore 取消专卖店的形式而转战商超成为经销商，但在 2007 年仍以关店而退出市场。继 Ostore 之后，在北京、上海、深圳等国内一线城市，有机食品专卖店陆续开业，但数量较少，目前发展较好的有北京的乐活城和上海的海客乐。经过调研，这些成功的有机专卖店多数拥有自己的有机农产品生产基地，直接对专卖店进行供货，保证了产品的质量，同时也减少了中间环节的成本。

6.2.2.3　以网络销售为渠道的流通方式

商店超市为主导的传统渠道缺乏与顾客的直接沟通，而且国内商超的竞价机制不完善，经销商一般倾向于选择较低价格的供货商，同时产品进入商超需要支付高额的进场费和管理费，一些有机品牌从建立初期就放弃走传统渠道的选择；开设实体专卖店成本高昂，很多最初开设实体有机产品体验店的企业纷纷关闭店面，而选择网络销售。

　　网络销售的方式方便快捷，符合当下快节奏城市生活的需要，而且降低了运营成本，使得网络销售的有机农产品在价格上更有优势。会员制、点对点的送货模式是现在规模较大的有机农业企业如上海的多利农庄，北京的沱沱工社等普遍采取的销售模式，并且已经取得一定成绩。网络销售另一大特色就是以礼品卡的形式销售有机农产品，购卡对象一般为集团单位，这些单位将礼品卡作为礼物送给客户或以福利发放给员工；另一主要对象为家庭。礼品卡的销售模式让果蔬、肉蛋奶这些种养期限长、保鲜期限短的农产品销售变得更为灵活，客户可根据自己的需要选择产品配送时间，还有利于错开供应和需求的高峰。

　　在网络交易过程中，消费者以网上购物的形式实现了商品所有权的转移过程，但此时网络营销的活动并未结束，只有商品或服务真正转移到消费者手中，即只有通过物流过程，商务活动才得以终结。在整个网络营销的交易过程中，物流是实现网络营销的保证。因此，"网上销售、网下配送"网络销售的依赖于良好的网络营销物流系统。由于农产品不易保存，再加上有机农产品自身价格较高的特性，有机农产品的配送一般采用的是冷链物流，即采用冷藏车来运输有机蔬菜瓜果。一些大型的资金实力雄厚的有机农业品牌已建立起自己的物流系统，以北京的沱沱工社为例，已在北京顺义建立集冷藏、冷冻库和加工车间为一体的现代化仓储配送物流中心，将仓库按照仓储配送产品的不同分为标准库和生鲜库，此外还提供冷藏冷冻车，通过冷链物流到家的配送模式，实现"新鲜日配"的目标。目前沱沱工社已经可以做到"头天下单，第二天配送"，即当客户在网络上下单后，销售后台将订单传递到农场，第二天一早进行采摘，在工作人员经过简单的分拣后，把生鲜品和标准品放到客户订单中，再送到配送中心，然后由冷藏车直接配送到消费者的手中。一般情况下，在北京范围内，消费者前一天下单，第二天下午就可以收到新鲜的有机食品。而小型的公司出于成本的考虑多选择利用第三方冷链物流配送的方式。

6.2.2.4 以农夫市集和社区支持农业为代表的非认证有机产品直销方式

农夫市集和社区支持农业是比较常见的有机农产品直销方式，这种方式更适合于小型生产者，尤其是产品未经过权威有机认证机构认证，不能加以"有机产品"标签在市场上销售的有机生产者。

相较于其他流通方式，在农夫市集和社区支持农业的形式下，生产者直接参与价格的制定，能保障其自身收益；农户与消费者之间的距离更近，可以面对面地沟通和交易，甚至消费者可以直接参与到有机农产品生产中去，一方面有助于消费者了解产品，另一方面有利于农户了解市场信息，可以及时根据市场信息反馈来转变种植方向；产品从生产者直接传递给消费者，减少了产品流通的中间环节，与其他渠道相比价格优势更为凸显。但由于这两种销售形式下的农产品没有经过有机认证，产品以次充好，假冒有机的现象也时有发生。所以一方面需要相关部门的监管，另一方面需要生产者的行为自律和互相监督。

北京的"小毛驴"市民农园就是"农夫市集"的典型范例，以"种在当地，吃在当季"为宗旨向消费者提供当季的有机蔬菜，加入的会员需要预付一年的"菜钱"，运营模式分为两种：一种是"配送份额"，土地由农民来种，会员每周会收到农场配送的新鲜有机蔬菜；另一种是会员可以每周到农场参加劳动来获取"劳动份额"，"小毛驴"以30平方米为划分单位将土地租给会员耕种，并提供种子、有机肥和技术指导。

6.3　生态农产品"农宅对接"模式探索①

随着人们对无污染、安全、优质、营养类的生态农产品需求的加大和对农产品保鲜度要求的增加，一种新兴的流通方式——"农宅对接"模式应运而生，并逐渐走进人们的日常生活。"农宅对接"的流通模式实际上是"农场到家庭"的模式，它是生产者与消费者的直接对接，彻底去掉了中间环节，降低了流通成本和流通损耗，既增加了生产者的收入，也降低了消费者购买支出，可以说是一种双赢模式。

6.3.1　想田生态农庄的基本情况

想田生态农庄成立于 2003 年，生产基地位于北京西北部生态环境优良的延庆县旧县镇。延庆县是首都生态涵养发展区、国家级生态示范县、ISO 14000 环境管理体系运行国家示范区和全国生态文明建设试点县。延庆县有机蔬菜生产示范区是 2008 年北京奥运会蔬菜供应基地，依托这个示范区，想田生态农庄目前拥有 4 个蔬菜种植大棚（占地约 12 亩），300 余头奶牛（占地约 45 亩），另养有少量家禽（以柴鸡为主）。农庄拥有员工 60 余人，3 名负责人均有 IT 行业工作背景，熟悉电子商务和现代物流业的运作。

想田生态农庄通过对比超市、电商等渠道经销和建立品牌专卖店的成本费用，并结合农庄目前的规模和运营特点，最终选择了更适合自身发展情况的流通方式——"农宅对接"。自 2011 年 5 月起，想田生态农庄开展"农宅对接"模式以来，客户数由最初的 10 余户迅速增长到现在的 430 多户，其中蔬菜会员数最多为 120户，客户对品牌的认可度较高。在国内有机农场经营普遍亏损的大

---

①　本节内容来源于本书课题组 2013 年对北京市想田农庄的实地调研。

环境下，想田生态农庄已初步开始盈利，并且这种销售模式在方便消费者的同时，也有效保障了生态农产品的品质。

6.3.2 "农宅对接"模式的基本做法

6.3.2.1 严格把控产品品质

想田生态农庄在生产中严格按照有机生产标准，蔬菜只施用牛粪、鸡粪、蚯蚓粪等有机肥料及有机农产品允许使用的生物农药，不使用化肥及一般农药。在蔬菜种植大棚里，有详细的生产日记，用以记录生产流程准则，室内外气温、湿度、地温，施肥、洒水时间，生产负责人等信息；奶牛只喂养天然饲料，不使用添加剂，挤出的鲜奶经过巴氏消毒，在饮用安全的前提下能最大限度地保证鲜奶中所含的营养成分，并且每一批奶都要经过严格的添加剂检测；柴鸡是喂养殖场自种的玉米，并且是散养，动物福利较高。

在农庄自建的网站上，消费者可以看到生产播报和养殖播报，上面有具体到各个蔬菜品种的浇水、除草、育苗等生产的时间和方法，也有乳牛免疫和检测信息。

6.3.2.2 建立高效的物流系统

为保证产品新鲜和减少运输途中因高温引起的损耗，想田生态农庄专门配备了冷藏厢式运输车，每车平均每天配送客户30户。在每天下午5点处理当日客户订单，次日早晨6点工作人员开始采摘新鲜的蔬菜，经过恒温装箱后，和消毒过的鲜奶一起送到丰台区中转站冷库，再由小型送货车送达配送点，在客户数较多和产品销售较多的配送点都配有冷藏柜，以保证蔬菜牛奶的新鲜度。目前，想田生态农庄在北京有53个配送点（多数分布在小区的物业、超市、报亭），送货员会根据客户订单的详细地址，按照市区分布，选择最便捷的送货线路，在最短时间内为顾客送菜上门。客户也可根据自己的时间自行去离家最近的配送点取货，基本能实现农场到五环内市民的"农宅对接"。

6.3.2.3　创新的营销推广模式

想田生态农庄的"农宅对接"模式依托的是互联网和电话平台，农庄根据季节变化和种养殖情况在官网上公布"菜单"，客户根据自身需要选择菜品，然后在网上直接选购或电话订购。这种创新的营销模式是一种双赢模式，既节省了经营者的渠道费、店面租金、人员工资等费用，也为消费者购物带来了便捷，节省了时间。

在推广宣传方面，想田生态农庄与多个小区建立长期合作关系，每周会在各个小区开展产品推广活动，每月举行 16～18 场。在推广活动中将农庄的产品免费赠送给客户品尝，一般每场活动农庄会准备 150 斤鲜奶和 100 斤蔬菜。相对于高昂的商业广告费用，小区推广活动的成本较低，主要费用集中在小区场租费用和农产品生产成本。一般来说，昂贵的广告费用最终会转嫁给终端消费者，而这种面对面的沟通交流在一定程度上降低了生态农产品的价格，对实现"农宅对接"起到了有力的推动作用。

6.3.2.4　灵活诚信的营销管理模式

在产品的选择上，客户可结合自身家庭消费状况进行订购，蔬菜每周可配送 2 次（在农庄公布的 10 个菜品中任意选择 4种），牛奶、鸡蛋、柴鸡每周可配送 3 次。在节假日或临时有客人时，客户还可以调整配送内容和时间。因农产品易腐、难保存的特性，在客户反映所订产品有损耗时，农庄会在下次配送时进行补偿，而且在每次配送时，农庄都会在订单价格不变的前提下适当增加配送量。

农庄还定期邀请消费者免费考察生产基地，并且举办亲子游、认领农庄奶牛等活动，让客户在消费生态农产品的同时也对生产基地的生产情况有更直接的了解。人性化及灵活的营销方式是"农宅对接"区别于超市、专卖店的一大特点。

6.3.3 对促进生态农产品市场有效流通的启示

传统的农业经营方式，使小农户和大市场难以对接，我们经常看到一边是市场上消费者花高价购买生态农产品，另一边是以严格标准生产出来的、食用安全的农产品在市场上找不到销路。"农宅对接"模式减少了中间环节，在消费者和生产者之间架起了桥梁。这种新型的营销模式对生态农产品市场的有效流通有以下三个方面的启示：

6.3.3.1 诚信是生态农产品市场流通的基础

消费者只有在充分相信和了解生态农产品品质的基础上，才愿意和可能支付比普通农产品贵出几倍的价钱。因此，取得消费者对产品质量的认可和信任是生态农产品市场流通的前提。生态农产品的生产者不仅要从生产源头上对种植业产品的育种、种植、病虫害防治等环节和畜牧业产品的饲养、防疫等环节加以严格控制，而且在采摘、包装、流通和存储等过程都要规范管理，实现质量可控，这样才能树立产品的品牌效应，获得消费者的认可和信任，通过品牌营销实现产品较高的附加值。

6.3.3.2 高效的物流系统是实现生态农产品市场流通的保障

生态农产品和一般农产品一样都具有易腐、不易存储的特性，在"农宅对接"模式中，消费者在购买前一般见不到产品的实物，更无法亲自挑选，那么专业、高效的物流则是实现生态农产品"农宅对接"的保障。据想田农庄测算，物流成本占其生产总成本的50%左右，而且需要投入大量的人力和物力，也是农庄扩大其市场份额的制约因素。发展第三方的专业冷藏物流配送系统可以扩大生态农产品的市场规模，提高配送效率，降低物流成本。

6.3.3.3 灵活创新的营销推广方式是推动生态农产品市场流通的有效途径

以往生产者与消费者之间存在的信息不对称现象制约了农产品的销售，"农宅对接"因取消了传统农产品市场的中间环节，需要更灵活、创新的营销推广模式来加强双方信息沟通，电子商务和现代科技为此提供了实现途径和技术保障。"农宅对接"可以依托互联网和电话直销平台加以实现，生产者可以通过一系列线下的推广活动（如小区宣传、亲子活动、基地考察等方式）让消费者了解产品、感知产品，灵活多样的宣传推广活动不但增加了生态农产品的销量也提高了产品附加值，是推动生态农产品市场流通的有效途径。

第7章 有机农业标准和有机农业认证体系

有机生产标准和认证程序是将有机农业与其他各种农业形式区别开来的主要因素之一。有机农业标准和有机认证制度构成了有机农业发展的制度基础，完善的有机农业认证标准法规体系是有机农产品市场健康持续发展的有力保障。我国是世界上主要的有机农产品出口国，出口面向欧美、日韩等发达国家和地区的有机市场，随着加入 WTO 后世界经济一体化进程加速，尽快建立健全我国有机农产品生产体系，完善有机产品标准、法规和认证工作，推进我国有机产品认证的国际认可以及多边互认成为极其紧迫的任务。

7.1 有机产品法规标准体系

建立标准是获取消费者信任的第一步。是有机农业产品标准是应有机农业发展和实践的需要而产生和发展的，它是有机产品生产者从事有机生产活动的技术和行为规范，是有机产品认证机构进行有机产品质量认证和控制的基础，也是有机产品贸易者进行贸易活动、市场监管部门维护消费者利益和规范经营行为的依据。有机标准的主要内容是对有机产品的生产、加工、运输、储藏、销售、管理等各个环节中提出允许和禁止的各种要求（单吉堃，2008）。一般情况下，有机标准会涵盖种植业、畜牧业、水产等各行业的不同标准，不仅包括对生产过程的管理，还延伸到加工、包装、标识等各方面的要求。

7.1.1 有机产品标准的作用

7.1.1.1 有机产品标准是有机产品认证和质量控制的基础

有机产品标准是第三方进行有机食品认证，以及确定生产者的技术和管理水平是否规范的基础。无论是产品质量认证，还是产品质量控制体系认证，都需要有标准作为依据。

7.1.1.2 有机产品标准为有机产品生产加工提供技术和行为规范

有机产品标准对生产者和管理者的行为进行了规范，同时对有机产品生产加工过程、技术要求、投入品都作了具体的要求，为产品达到有机标准提供了先进的生产方式和生产技术方面的指导。例如，在作物生产方面，有机标准提出可根据土壤肥力状况，将有机肥、无机肥等各种肥料按一定的比例、数量和方法进行配比施用；在保证有机产品质量和安全方面，有机标准提供了经济有效的除菌、降低有害物质的有机肥处理方法；有机标准还为生产者提供了从整个生态系统出发的病虫草害综合防治技术。

7.1.1.3 有机产品标准是保障产品质量和规范生产经营行为的法律依据

对于生产者和加工者来说，获得有机认证的前提就是必须要符合有机产品标准，有机产品标准属于强制性标准，可以规范企业的生产经营行为；对于消费者来说，有机产品标准可以帮助消费者辨别和购买有机产品，而且当消费者权益受到侵害时，有机产品标准又成为权益保护的技术和法律依据；对于监管部门来说，有机标准是打击假冒产品行为，规范有机产品市场的依据。

7.1.1.4 有机产品标准有助于我国农产品打开国际市场

按照有机产品标准生产可以提高产品质量，更符合国际市场需求。目前，欧盟和北美市场最具竞争力的食品就是有机食品（杨丽等，2010），国际市场上有机产品的需要远大于供给量，这为我国有机农业的发展提供了广阔的市场。

7.1.2 主要国家的有机农业标准及相关法规

与其他行业不同，有机农业标准的制定起源于民间团体，全球第一个有机产品标准由英国土壤学会在 1967 年制定。为了使有机农业的发展更加规范，以欧盟为代表的发达国家和地区从 20 世纪 90 年代开始，逐步完成了有机农业的立法工作（李花粉等，2010）。根据 FiBL 的统计，目前全球已有 88 个国家和地区制定了有机产品标准和认证法规，还有 12 个国家正在起草。全球有机农业发展和有机农产品生产法规与管理体系主要分为四个层次：一是联合国层次；二是国际非政府组织层次；三是地区层次；四是国家层次。

第一层次：联合国层次的有机农业和有机农产品标准是由联合国粮农组织（FAO）、食物法典委员会（CAC）与世界卫生组织（WHO）在 1999 年发布的《有机食品生产、加工标识和销售指南》，属于《食品法典》的一部分，是建议性标准。该标准在结构、体系和内容等方面参考了欧盟有机农业标准（EU2092/91）以及国际有机农业运动联盟的有机农业标准。

1999 年 6 月食物法典委员会通过有机作物生产标准，2001 年 7 月又通过动物养殖有机标准。目前正在制定有机水产和海藻生产和养殖标准。食物法典委员会有机标准在附录中列出了在有机食品和农业生产中可使用的投入品，随着时代的变迁，食品生产和加工中的投入品也在不断变化，为适应这种变化，该附录从 2005 年开始不断修订。例如，2010 年，该附录针对鱼藤酮杀虫剂的使用作出了限制，要求必须在保证残留品不流入水道的条件下才可以使用。

第二层次：国际非政府组织层次的有机农业标准最具代表性的

是国际有机农业运动联盟（IFOAM）制定的有机标准，1972年成立的 IFOAM 目前在117个国家拥有超过800个成员组织。

1978年，IFOAM 制定和发布了有机生产和加工的基本标准，该标准明确了有机农业的含义，具有广泛的民主性和代表性，影响深远，甚至超过国家标准，成为许多国家制定有机农业标准时的参考。此后 IFOAM 每两年召开会员大会对基本标准进行修改。IFOAM 标准已通过国际标准化组织 ISO 的认可，成为国际标准。基于基本标准，IFOAM 于1992年制定了有机认证机构的认可准则，开始对有机认证机构进行认可工作，其中对各有机认证机构的认证标准和认证程度的审核是 IFOAM 认可的核心内容。

第三层次：地区层次的有机农业标准指的是欧盟1991年发布的欧盟有机农业条例（EEC 2092/91），该标准是全球第一部也是唯一的区域性的有机生产标准，它的制定最初只针对作物生产和加工，还包括第三国（指非欧盟成员国）出口有机产品到欧盟的政策与标准，即第三国向欧盟出口的有机产品不仅要符合欧盟有机农业条例，还需要经过权威机构的再次检查和认证才可以有机产品的身份在欧盟成员国境内销售。

欧盟的有机产品标准从1991年至今经过了20余次的修订或补充。1999年，欧盟增加了有机畜禽养殖、有机蜜蜂（包括有机蜂产品）生产的标准，并补充了对基因工程生物及其产品的限制和有机产品的标识等内容。欧盟的有机农业标准不仅关注生态环境，其发展和管理也更成熟，再加上欧盟是全球最大的有机产品消费市场之一，它对其他各国制定有机法规标准产生了重大的影响，也是其他国家制定有机标准的参考。

第四层次：国家层次的有机农业标准指的是各国根据自身有机农业发展情况制定的有机农业标准，例如，美国国家有机标准（NOS）以及日本的 JAS 有机农业标准。其他国家出口有机产品到这些国家时都必须遵从进口国的有机农业标准。

美国的俄勒冈州1974年制定并实施有机食品法规，是美国第一个有机食品法，此后有 27 个州在州范围内相继制定和实施本州的有机食品法规。1990 年，联邦政府通过了国家有机食品法，并根据该法的要求于 1991 年设立了国家有机标准委员会，负责制定有机产品标准。经过多番修改，2000 年，美国国家有机产品标准（National Organic Program，NOP）得以颁布，并于 2002 年 10 月正式生效。

日本农林水产省于 1992 年制定并实施《有机农产品特别标识准则》，以规范国内有机农产品的标识，准则的重点只关注消费者的健康安全，并未对有机农产品生产起指导作用，而且只针对部分产品，米、麦的标识没有包括在内。2002 年，日本又制定了有机农产品及有机农产品加工食品的 JAS 标准，并于同年开始实施。JAS 法对生产、加工、包装、农场及进口都提出了具体的标准和要求，并且规范了 JAS 标志的使用。2005 年，日本农林水产省对 JAS 标准又进行了全面的修订，并增加了有机饲料和有机畜产品养殖的部分。目前，JAS 标准由四个独立的部分组成：有机农产品、有机加工食品、有机饲料以及有机畜产品。

JAS 法在具体内容上 95% 以上与欧盟有机标准相似，但在涉及有机生产企业的生产和质量管理方面的内容要更严格，也是与其他国家有机标准的显著区别。除了 JAS 的四个部分标准，日本农林水产省还制定了《关于有机农产品、有机加工食品、有机饲料和有机畜产品的生产过程检查办法》、《关于有机农产品及有机饲料的国内生产过程管理者及国外生产过程管理者的认证技术标准》等一系列关于检查认证的法规。

7.1.3 国内有机产品认证法规和标准

1994 年国家环保总局有机食品发展中心（OFDC）成立，是我国第一家有机认证和管理机构。OFDC 从成立初期就开始研究制定有机产品标准和管理条例，2001 年国家环保局发布《有机食品技术规范》（HJ/T 80—2001），属于环境保护的行业标准。2003 年 8

月,《有机产品生产和加工认证规范》由中国认证机构国家认可委
员会(CNAB)正式发布,同年9月,《中华人民共和国认证认可
条例》实施。在此基础上,中国国家认证认可监督管理组织《有
机产品国家标准》的起草工作。2005年1月《有机产品国家标准》
由国家质监总局和国家标准化管理委员会共同发布,该标准以联合
国食品法典标准和IFOAM基本标准为基本原则,借鉴了欧美的有
机产品标准,并结合我国有机农产品市场发展的实践而制定,对规
范我国有机农业发展起到了重要的推动作用。2005年4月,《有机
产品认证管理办法》和《中华人民共和国国家标准:有机产品》
开始实施,2011年6月,《有机产品认证实施规则》实施。中国国
家认证认可监督管理委员会对2011年发布的《有机产品认证实施
规则》进行了修订,修订后的《有机产品认证实施规则》于2014
年9月开始实施。新版规则对有机产品建立了一品一码制度,提高
了有机产品的可追溯性,也加强了进口有机产品的监管力度,要求
无论是进口到国内还是出口到国外的有机农产品都必须遵循我国的
有机法规,并通过我国的有机认证。同时,新版规则规定转换期内
有机产品只能按普通产品销售,这也是区别于旧版规则的最主要的
内容之一。

我国有机农业相关的法规和标准,见表7-1。

表7-1 我国与有机农业相关的法规和标准

规 制	相关法规和标准
法律	《中华人民共和国食品安全法》、《中华人民共和国农产品质量法》、《中华人民共和国产品质量法》、《中华人民共和国进出口商品检验法》、《中华人民共和国标准化法》、《中华人民共和国计量法》等
行政法规性文件	《中华人民共和国认证认可条例》、《中华人民共和国标准化法实施条例》、《中华人民共和国计量法实施条例》等
部门规章	《有机产品认证管理办法》、《认证机构管理办法》、《认证证书和认证标志管理办法》等

规　制	相关法规和标准
行政规范性文件	《有机产品认证实施规则》、《关于发布〈有机产品认证目录〉的公告》、《关于启用国家有机产品认证标志备案系统的公告》等
国家标准	《中华人民共和国国家标准：有机产品》

资料来源：根据相关部门公开发布的法规和标准整理。

7.2　有机产品认证

信息不对称问题在有机农产品市场尤为突出。通过第2章对有机农产品市场发展的理论基础分析，第三方有机产品认证是信息揭示的一种方式，是消除有机农产品市场信息不对称的有效途径。

7.2.1　认证和有机产品认证的概念和内涵

根据《中华人民共和国认证认可条例》的规定，认证指由认证机构证明产品、服务、管理体系符合相关技术规范的强制性要求或者标准的合格评定活动。《合格评定、词汇和通用原则（GB/T 27000—2006）（ISO/IEC 17000：2004）》对"认证"的定义为：与产品、过程、体系或人员有关的第三方证明。

由定义可以看出认证必须包含以下要素：第一，标准是认证的基础。第二，认证的主体是第三方认证机构。第三，认证的对象是产品、服务、过程、管理体系或人员。第四，认证的证明方式包括认证证书或标志。第五，认证是对产品质量的抽检和对企业质量体系的审核和评定。

有机产品认证是指认证机构按照《中华人民共和国国家标准：有机产品》和《有机产品认证管理办法》以及《有机产品认证实施规则》的规定对有机农产品生产和加工过程进行评价的活动。中国国家认证认可监督管理委员会规定，在我国境内销售的有机产品均需经过认证机构认证。区别于一般产品认证，有机产品认证更注重过程，是一种针对过程管理的认证制度，是对特定生产体系共性的要求，遵从有机生产标准生产出来的产品经过有机认证后才能以"有机产品"的名称进行销售，并被允许在商品外包装上采用有机产品标志。

7.2.2　有机认证机构

截至 2010 年，全球共有有机产品认证机构 532 家（见表 7 - 2），欧洲有机产品认证机构数量最多，为 214 家，其次是亚洲，为 165 家，非洲最少，为 12 家。

表 7 - 2　　　　　　　各地区有机认证认可机构数量

地区	总数	IFOAM 认可	日本认可	欧盟认可	美国认可
欧洲	214	11	13	184	35
亚洲	165	7	60	30	12
北美洲	78	1	17	14	64
拉丁美洲	51	6	4	12	10
大洋洲	12	4	6	7	6
非洲	12	3	0	4	1
合计	532	32	100	251	128

资料来源：中国国家认证认可监督管理委员会。

7.2.2.1　认证机构的第三方属性及作用

第三方认证对全球食品安全起到了极大的推动作用。在食品质量标准管理体系中，第三方认证机构提供有经验、有信誉的专家对企业进行独立评估，一方面可以提高商品或产业的附加值，另一方面也是食品安全法实施和监督机构的有力补充（Tanner，2000）。

由表 7 - 3 可能清楚地看出第三方认证机构与第二方企业聘请的顾问的区别——独立于企业的机构，这也是第三方机构的主要特征，但是与第四方食品法实施和监督机构相比，第三方机构对企业起到了发展扶持的作用。第三方认证机构的认证对象主要有良好农业规范（GAP）、危害分析和关键控制点体系（HACCP）、食品安全管理体系等。第三方认证机构对食品行业的发展有以下重要作用：一是提高市场准入门槛，保障产品质量标准；二是加强交易双方信息传递，降低交易风险和投机行为；三是提高产品的市场竞争力，规避非关税壁垒；四是帮助生产者获取溢价，提高利润率。

表7-3   第三方机构与其他机构的含义

角色	含　义
第一方	生产者（或企业）
第二方	生产者聘请的顾问
第三方	由专家按照相应标准法规对生产者进行评估的独立机构
第四方	食品质量安全法律法规实施和监督机构

7.2.2.2　有机认证机构的主体属性

一项产品是否符合有机产品标准，能否被授予有机产品的称号并以其在市场上销售，主要取决于认证机构的评判，因此，认证机构的设置问题是有机农业标准法规体系的核心和重点（瓮怡洁，2011）。从世界各国的实践来看，有机认证机构的主体分为两类：政府或非政府（包括公司、企业或组织等）机构。我国在有机农业发展早期（1995～2001年），由国家环保总局有机食品发展中心承担有机认证工作。在美国，个别州政府的相关部门也可对有机产品进行认证。但在世界上大部分国家或地区，有机认证工作主要由非政府机构承担。

对于有机认证机构的主体属性来说，不同主体各有其优缺点。政府机构的优势在于：认证比较规范，社会公信力强；以扶持有机农业发展主为主，认证费用低。但也存在着诸如效率低下、手续烦琐、资金技术实力相对薄弱等劣势。而非政府机构的优势在于：认证效率高，市场化服务水平高、资金和技术力量较强等。但因其以营利为目标，认证费用较高，而且有可能存在工作不规范，弄虚作假等情况。相对来说，政府机构为主体的认证机构更适于有机农业发展的初级阶段，规范的认证可以提高市场的接受度，低水平的认证费用也降低了生产者进入有机行业的门槛和风险。

7.2.3　中国有机认证认可

7.2.3.1　中国有机认证认可体系

我国认证认可体系结构分为四个层面（见图7-1）。

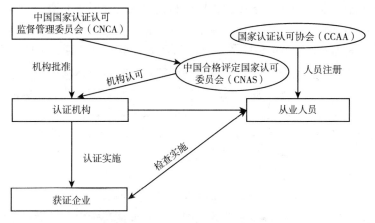

图7-1　我国认证认可体系结构

第一层面为政府管理机构，分为中央和地方两级。

（1）主管部门——中国国家认证认可监督管理委员会（CNCA）。CNCA业务上由国务院授权，负责管理、监督和综合协调全国认证认可工作；行政上由国家质量监督检验检疫总局管理，负责认证机构的资格审批以及认证市场的行政管理和监督工作，监督认证市场和认证活动的有效性工作体现在对认可、认证机构，认证企业及产品的监督管理。

（2）地方质量技术监督局和出入境检验检疫局。统一管理、监督和综合协调地方认证认可工作。由CNCA授权，负责认证有效性的监督检查工作，规范认证市场以及监管认证结果的有效性和符合性。

第二个层面是由 CNCA 授权的认可机构——中国合格评定国家认可委员会（CNAS），主要负责对认证机构开展认证活动的资格和能力，以及对实验室的检测能力进行评定和认可；为认证机构的动作管理提供技术服务，并配合政府开展行政监督和专项检查工作。

第三个层面是认证机构。作为认证活动的主体，认证机构根据其资格和业务范围，按照相关标准和技术规范开展认证活动。认证按内容不同，可分为对管理体系的认证和对产品的认证，管理体系认证如 HACCP、OHSMS 等，产品认证如有机产品认证、节能认证等；从性质上划分，认证可分为强制性认证和自愿性认证。

第四个层面是企业、组织、生产者或经营者等，他们是认证活动的主要对象，通过接受认证机构的一系列认证流程，取得相应的认证资格，得到一种信誉证明，可以向采购方或消费者证明其产品、生产过程或服务符合相关标准和技术规范的要求，以提高自身在市场上的竞争力。

有机产品国际标准及其他主要贸易国的有机标准，通常将种植、养殖及投入品的要求都放在同一个标准或法规中，并通过不同章节或附则提出对认证和检查的要求，而我国有机产品标准分为四个部分：生产、加工、标识与销售以及管理体系，其中，管理体系为独立的一个部分，这是区别于世界上其他标准的重要特点，说明了管理体系在我国有机产品认证中的重要性。并且，在我国有机产品的国家标准中不包括认证、认证机构、检查、授权等方面的内容，这些内容在我国通常包含在《有机认证管理办法》、《有机产品认证实施规则》等法规或认证认可的技术文件和规范中。

7.2.3.2 中国有机认证机构发展历程及现状

1994 年，经国家环境保护局批准，其下属的南京环境科学研究所农村生态研究室改组成立"国家环境保护局有机食品发展中心"（OFDC），成为我国第一个有机认证机构，并从 1995 年开始进行有机认证工作。2002 年年底，OFDC 获得 IFOAM 认可，成为全球 24 家 IFOAM 认可的成员之一，也是亚洲继泰国有机食品认证公司 ACT 和日本有机食品认证机构 JONA 后，第三个获 IFOAM 认可的机构。经过十几年的发展，截至 2014 年，OFDC 的 22 个分中心遍及全国二十多个省、市、自治区，并且与多家国际知名有机认证机构建立了合作互认关系。

1999 年，中国农业科学院茶叶研究所（杭州）在原 OFCD 茶叶分中心的基础上成立了有机茶研究与发展中心（OTRDC），成为国内专门从事有机茶园、茶叶加工及有机茶专用肥的检查和认证机构，也是我国第二家有机认证机构。2002 年，中国绿色食品发展中心成立中绿华夏有机食品认证中心（COFCC）。

国外认证机构在我国也大量开展有机食品认证工作，如 1995 年美国国际有机作物改良协会 OCIA 进入中国，此后，法国 ECO-CERT、德国 BCS、瑞士 IMO 和日本的 JONA 和 OMIC 也相继进入中国。通过申请国际知名有机认证机构的有机认证，可以提高我国有机农产品出口量和国际认可度。

我国有机食品认证机构的认可工作最初由隶属国家环保总局的"国家有机食品认证认可委员会"负责。2003 年 11 月《中华人民共和国认证认可条例》开始实施，根据此条例规定，国家环保总局将有机认证机构的认可工作转交国家认可监督委员会，由其负责有机产品认证活动的统一管理、综合协调和监督工作。截至 2014 年 9 月底，经过国家认监委批准的认证机构有 56 家，认证范围有绿色市场认证、食品安全管理体系认证、良好农业规范（GAP）、危害分析和关键控制点体系（HACCP）认证，以及有机产品、无公害食品和绿色食品认证等。其中具有有机产品认证资质的第三方机构有 25 家（见表 7-4），大部分的认证机构都位于北京、上海、广州等国内经济最发达的地区。

表 7 - 4   我国有机产品认证机构名单

批准号	认证机构名称	行政区划
CNCA - RF - 2013 - 47	湖南欧格有机认证有限公司	湖南省长沙市
CNCA - R - 2002 - 089	黑龙江省农产品质量认证中心	黑龙江省哈尔滨市
CNCA - R - 2013 - 142	吉林省农产品认证中心	吉林省长春市
CNCA - R - 2004 - 134	南京国环有机产品认证中心	江苏省南京市
CNCA - R - 2002 - 100	北京中绿华夏有机食品认证中心	北京市
CNCA - RF - 2006 - 45	北京爱科赛尔认证中心有限公司	北京市
CNCA - R - 2004 - 129	北京五岳华夏管理技术中心	北京市
CNCA - R - 2003 - 115	北京五洲恒通认证有限公司	北京市
CNCA - R - 2002 - 015	杭州万泰认证有限公司	浙江省杭州市
CNCA - R - 2002 - 084	中食恒信（北京）质量认证中心有限公司	北京市
CNCA - R - 2002 - 105	中环联合（北京）认证中心有限公司	北京市
CNCA - R - 2002 - 001	中国质量认证中心	北京市
CNCA - R - 2002 - 013	浙江公信认证有限公司	浙江省杭州市
CNCA - R - 2004 - 131	新疆生产建设兵团环境保护科学研究所	新疆维吾尔自治区
CNCA - R - 2004 - 133	西北农林科技大学认证中心	陕西省西安市
CNCA - R - 2004 - 128	辽宁辽环认证中心	辽宁省沈阳市
CNCA - R - 2004 - 122	辽宁方园有机食品认证有限公司	辽宁省沈阳市
CNCA - R - 2003 - 096	杭州中农质量认证中心	浙江省杭州市
CNCA - R - 2002 - 007	广东中鉴认证有限责任公司	广东省广州市
CNCA - R - 2002 - 002	方圆标志认证集团有限公司	北京市
CNCA - R - 2007 - 151	北京中合金诺认证中心有限公司	北京市
CNCA - R - 2002 - 028	北京中安质环认证中心	北京市
CNCA - R - 2010 - 145	北京东方嘉禾认证责任有限公司	北京市
CNCA - RF - 2007 - 50	上海色瑞斯认证有限公司	上海市
CNCA - RF - 2006 - 46	南京英目认证有限公司	江苏省南京市

资料来源：中国国家认证认可监督管理委员会。

7.2.3.3 我国有机产品认证流程

如图 7 - 2 所示，企业在申请有机认证前应确认产品各类是否在中国国家认证认可监督管理委员会公布的《有机产品认证目录》之内，如果不在目录之内，则不能申请有机认证。在确认自己有认证资格之后，选择有资质的认证机构并向其提出认证申请和提交申请材料。认证机构对企业提交的申请材料进行评审，如果材料不全或不符合要求，则不予受理，符合要求则受理申请。在现场检查前，企业按照与认证机构确认过的检查计划做好现场检查的准备，认证机构对企业进行包括基地、加工厂等区域的现场检查，对管理和操作人员的现场访问，评审管理体系文件，对企业申请认证的产品进行抽样送检等一系列工作。如果检查组认为企业不符合认证要求，出具书面报告并对企业进一步能否取得认证给出意见，企业以此做出整改，并在规定的期限内提交纠正措施的实施证据，接受认证机构的跟踪验证。整改后符合认证要求，认证机构对企业进行认

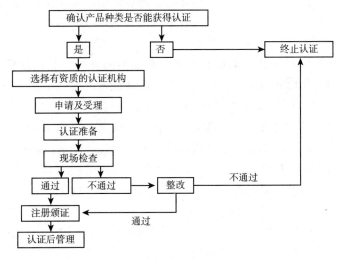

图 7 - 2　我国有机产品认证流程

证注册并颁发证书，与企业签订"有机产品认证标志使用许可协议"，允许其在证书规定的范围内使用认证证书及有机标志。同时，认证机构将结果向中国国家认证认可监督管理委员会上报备案。

7.2.4　我国有机产品认证体系存在的问题

有机认证对促进有机农产品市场的规范化和标准化起到了积极作用，但是有机认证并不能完全消除食品质量安全问题。例如，德国的食品认证制度非常严格，但"二噁英"污染、肉食变质等食品质量安全丑闻仍层出不穷，即使通过质量安全认证（QS）的公司也会打食品安全问题的擦边球（Albersmeier et al.，2009）。我国有机产品认证经过十余年的发展，基本已建立一套适应我国有机农业发展实际，覆盖生产、加工、包装、仓储等全方位、全过程管理的认证体系，并且已成为提高农产品质量安全和促进农产品国际贸易的重要手段，但相对于快速发展的有机农业和有机农产品市场，我国有机产品认证体系建设仍然比较滞后，突出表现在有机认证机构资质良莠不齐、机构间无序竞争以及与国际市场接轨程度较差等问题（单吉堃，2008；张纪兵等，2008；张新民，2010）。

（1）有机认证机构良莠不齐。我国当前有机产品认证机构的主体属性是民间第三方机构，有机产品认证制度完全建立在公众信用的基础之上（单吉堃，2008）。有机认证起步相对于国内有机农产品市场发展较滞后，认证工作存在诸多问题，表现在有机农产品检查员素质参差不齐；认证机构在盈利目标的驱动下，种种违规现象时有发生。近年来，有机认证相关的负面报道层出不穷，这些问题直接导致消费者对部分有机农产品认证的信任度下降。

（2）有机认证机构之间存在无序竞争。目前我国国内具有有机产品认证资质的机构有25家，多个国际认证机构和组织在我国也设有办事处，这些认证机构的市场拓展渠道和战略不尽相同，一些认证机构的竞争策略以打价格战为主；个别国际认证机构也为了拓宽在中国的认证市场，利用自身在国际上的影响力优势，与国内的认证机构打价格战；还有部分认证机构如 OFDC 和绿色食品发展中心，集有机法律法规和标准的制定者、实施者、监管者等各种身份于一身，另外还从事科研、咨询、营销等工作，引起国际经销商和认证机构的不信任。

（3）有机认证机构与国际市场接轨程度不高。受有机认证技术和水平的制约，我国参与国际标准化活动以及认证合作的能力不强，尚未与主要贸易国签订等效互认协定，导致我国有机认证机构与国际市场接轨度较低，国内有机认证在出口时得不到进口国的认可。我国企业在出口有机产品时，主要通过国外认证组织在国内的分支机构进行认证，认证成本高，且认证周期长，而且随着国内有机产品出口量的不断提高，国内仅有的几家国际有机认证机构已不能满足需求。

（4）我国有机农业立法位阶低。我国已制定诸多与农产品质量安全相关的法律，但这些法律的部分内容与有机农业相关，可以用来规范有机农业发展中产生的某些问题，但没有专门针对有机农业的立法。2004 年国家质量监督检验检疫总局颁布的《有机产品认证管理办法》是到目前为止国内专门针对有机农业的位阶最高的规范性文件（瓮怡洁，2011）。从效力位阶来看，《有机产品认证管理办法》仅为部门规章，根据《中华人民共和国行政处罚法》的规定，部门规章的实施必须在法律、行政法规规定的给予行政处罚的行为和幅度的范围内，涉及的处罚范围和效力非常有限。而《中华人民共和国国家标准：有机产品》只是行业标准，对有机农业相关的生产、加工、流通等行为更没有法律上的约束力，这种立法现状对规范有机农业的发展极为不利。

7.3　有机产品国际等效性互认

根据 FiBL 的统计，2013 年全球有 164 个国家从事有机农业生产，其中已有 88 个国家和地区制定了有机产品标准和认证法规，还有 12 个国家正在起草。有机食品生产的基本原则和要求在全球范围内已基本达成一致，各个国家、地区和机构间的标准和制度只存在微小差异。但正是因为存在着这些微小差异，导致有机产品销售到别的国家或地区，往往需要经过多重认证，增加了认证成本，也造成了资源浪费，增加了发展中国家有机农产品出口的难度，而且这部分认证费用最终会转嫁给消费者，导致有机产品价格上涨。诸多不同的产品标准和法规正在成为国际农产品贸易中新的贸易技术壁垒（汪云岗等，2002；齐欣等，2005；姜茹娇，2006），有机标准在国际的协调一致问题越发突出。

7.3.1 等效性和互认协议的概念

世界贸易组织分别对等效性标准和等效性认证作出规定，前者是指：当其他国家的标准与本国不同时，如果他国的标准与本国标准的目标相同，则应将其视为等效性标准；等效性认证指：如果他国的认证认可制度可以确保其标准与本国相同，即使认证认可程序存在差异，也应承认他国认证认可的结果。国际标准化组织（ISO）和国际电工委员会（IEC）在其联合发布的 ISO/IEC 指南中将等效性定义为：不同认证机构的检查结果能够达到相同的目标，即不同的标准和认证认可制度所达到的结果是一样的，就可视为等效性。

根据 ISO/IEC 指南的定义，互认协议大多建立在国家和地区的层次上，是基于一方接受和认可另一方符合其评估的结果。互认协议根据内容不同分为检测的互认协议、检查的互认协议和认证的互认协议；根据主体不同，分为多边互认、双边互认和单边互认。我国学者在 ISO/IEC 指南定义的基础上，将互认协议定义为：认证或认可机构间签订的一种协议，赋予双方认证认可机构同等的认证认可资格，并且双方承认彼此具有相同的认证检查能力和评审能力（佟倩等，2009）。

7.3.2　有机产品国际等效互认的现状

目前已有国际认可论坛（International Accreditation Forum，IAF）和太平洋认可合作组织（Pacific Accreditation Cooperation，PAC）等国际性组织在从事认证认可体系的多边互认工作。涉及有机农业等效性互认，最早由 FAO、IFOAM 与联合国贸易和发展协会（United Nations Conference on Trade and Development，UNCTAD）在 2008 年共同发起成立了"有机农业协调和等效国际工作组"（International Task Force on Harmonization and Equivalence in Organic Agriculture，ITF），作为有机农业领域国际政府间交流与对话的平台。ITF 的目标是研究现行各国和地区有机农业标准和认证体系及其对有机农产品国际贸易的影响，促进国际有机农业标准及认证认可制度的一致化和等效性等。ITF 工作组成立至今，多次召开会议讨论有机农业标准和认证国际一致化和等效性问题，并提出多个建议和实施方案，为推动有机农业国际等效互认做出了极大贡献。

2009 年，FAO、IFOAM 和 UNCTAD 在继 ITF 工作组成立之后为进一步推动有机产品国际等效互认，开发了一个新的项目——全球有机市场准入项目（Global Organic Market Access，GOMA）。GOMA 项目的主要内容是进行有机产品国际等效互认的实践探索，在不同国家和地区推行和实践 ITF 的实施方案，并为政府和民间机构提供相应的技术扶持。目前 GOMA 项目主要在中美洲和亚洲地区实施，为有机农业区域合作提供了良好的契机。

近年来，已有多国开始了有机农业国际等效双边互认的实践。最具代表性的是美国和欧盟，目前美国已与加拿大（2009 年）、欧盟（2012 年）、日本（2013 年）等国家和地区签订有机农业国际等效互认协定（Organic Equivalence Arrangement），意味着在美国的有机产品出口到加拿大、欧盟各成员国和日本时，不需要再通过如 COPR（加拿大）、ECOCERT（欧盟）、JAS（日本）等认证，在进口这些国家生产的有机产品时，也不再要求对方通过美国的如

NOP、USDA 等各种认证。欧盟在其有机条例中规定了第三国名单，通过等效互认协定，可以被纳入到第三国名单中，就可以省去在出口时申请欧盟有机认证的程序，截至 2012 年年底，被欧盟列入第三国名单的有阿根廷、加拿大、哥斯达黎加、澳大利亚、印度、美国等 12 个国家。双边互认协定简化了有机产品的进出口程序，拓宽了本国有机产品市场，极大地减少了有机产品的贸易壁垒，对世界有机农业的发展具有积极意义，也对其他国家和地区的有机互认工作提供了借鉴。

7.3.3 有机产品国际等效互认的具体实施路径

以美国和加拿大之间的有机产品进出口贸易为例，在签订等效互认协定之前，美国企业生产的有机产品出口到加拿大市场，首先，由于美国各级政府对有机农业都提供了丰厚的补贴，如果需要得到这些补贴，并想以有机产品的价格在美国本土销售，就必须按 NOP 标准生产，并取得 NOP 认证，然后，需要按照加拿大 COPR 的标准申请、接受审核和认证，通过一系列复杂的程序和支付费用取得认证后，才可以按有机产品的身份和价格在到加拿大市场上销售（见图 7 - 3）。在签订等效互认协定之后，美国企业出口的有机产品就省去了申请加拿大认证的程序（见图 7 - 3 中虚线方框部分），只要在本土获得了 NOP 认证即可直接以有机的身份和价格在加拿大市场上销售。

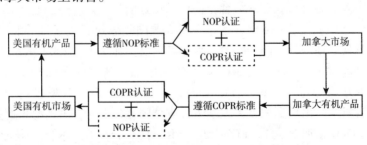

图 7 - 3 美国和加拿大两国有机农产品流通

7.4　规范和加强有机农业认证管理的途径

国际社会越来越重视有机农业发展的标准化和规范化，多个国家和地区纷纷制定有机产品生产、加工、包装、销售等方面的标准和法规，并以此为基础通过认证机构对产品进行有机认证。

由于有机农业理念及有机产品生产基本原则的同源性，国际及各国有机产品标准和法规都有相同之处，同时由于资源环境水平、农业生产方式、食品安全监管体系及有机农业发展的实际状况不同，各国对有机产品的生产、加工、认证、管理等都会有特殊的要求，相应的各国有机产品标准和法规都有不同之处。一些国家为促进有机农产品贸易已开始签订等效互认协议。

我国有机产品标准和法规体系经过十余年的发展已取得了一定的成果，对规范国内有机农产品市场起到了极大的推动作用，但由于起步较晚，体制不完善，仍存在着种种弊端，因此需要通过政府加强监管、有机认证行业自律等一系列措施来加以改进。

具体措施有：第一，应紧密跟踪主要贸易国有机产品认证标准及法规的变化，加强有机农业及有机农产品加工的标准法规研究，为政府之间的有机协商互认提供研究基础。第二，政府应加强对有机认证机构的行业监管，加强社会监督，建立对认证认可机构运行的第三方评估机制，保证机构运行的公正和效率；鼓励高校、科研机构开展和加强对有机农业及其制度体系的基础和应用研究，为有机农产品市场的标准化和规范化提供智力支持。第三，认证机构自身应加强行业自律，增强对有机产品认证检查员队伍的建设，提高工作水平和服务质量。

第8章 结论和政策建议

8.1 主要结论

本书以有机农业的产业发展作为出发点和落脚点，主要从生产、消费、流通、认证等各个环节对我国有机农业的发展情况进行了比较全面、系统和深入的研究。综合各章理论和实证分析的结构，得出以下结论：

（1）有机农业发展对我国生态环境改善和农产品质量提高具有重要意义。改革开放三十多年以来，中国农业取得了辉煌的成绩，食物短缺已成为历史。随着国内经济的飞速发展，城乡居民生活水平大幅度提高，对农产品的需求从数量安全转向质量安全，无论是应对国内居民消费升级，和食品质量安全和生态环境备受重视的需要，还是提高国内农产品的国际竞争力，大力发展有机农业都是提升中国农产品整体水平的有效途径。

（2）我国有机农产品市场发展存在市场失灵问题。有机农业在给生产者带来收益的同时，对生态环境和经济发展也存在正的外部效应；关于有机农产品的生产过程和质量信息，生产者掌握的最多，但消费者却无法知晓，因此，有机农产品市场存在信息不对称问题。有机农业生产的正外部性和有机农产品市场中的信息不对称是造成有机农产品市场失灵的主要原因。必须解决这两个问题，才能实现有机农产品市场的健康持续发展。

（3）我国有机农业发展迅速。我国有机农业发展初期，供给以出口为导向，而且产量和面积都很低，国内市场自 2000 年启动以来发展迅速，有机农产品的认证面积和产量有所增加，但年度波动较频繁。从区域分布来看，我国有机农业生产主要集中在黑龙江、内蒙古等北部地区，近几年由于西部大开发的带动，有机畜牧业在西部发展势头良好。从认证面积和产量来看，有机农业加工业认证面积所占总有食品认证面积的份额最大。

（4）有机农产品生产成本比常规农产品高。以山东肥城的有机菜花种植为例，家庭用工不能满足有机菜花的劳动力需求，需要雇佣更多的劳动力，雇工工日和雇工成本明显高于常规菜花；有机菜花种植需要利用流转土地，平均土地成本为333.88元/亩。而常规菜花主要是在自有承包土地上种植，没有土地流转费用，从整体来看，如果算上自营土地的机会成本，有机菜花土地成本是常规菜花的1.52倍；根据有机生产标准，有机菜花的种子也必须是经过有机认证的，有机种子售价高于常规种子，而且种子价格和用量也均由订单公司提供和出售，农民只能被动接受，因此有机菜花每亩种子的费用要高于常规菜花近20%，这也是导致有机菜花生产成本高于常规菜花的主要原因之一。总体来看，有机菜花的生产成本高于常规菜花，单位面积生产成本是常规菜花的1.21倍，主要原因是有机菜花高额的劳动力成本、土地成本、种子成本。

（5）现阶段有机农业对农户收入的增长有限。同样以山东肥城的有机菜花种植为例，由于收购价格多年不变，在现有生产技术条件下，有机菜花的亩产提高的空间有限，而各种投入成本尤其是劳动力成本从长期来看呈上升趋势，压缩了有机农户的收入空间，使得有机菜花的收益低于常规菜花。同时，通过对有机菜花的生产技术效率进行测算和分析，得出有机菜花的实际产出水平与前沿产出水平之间还有差距，生产技术效率水平还有待提高。

（6）国内消费者对有机农产品的认知度和支付意愿有待提高。通过对北京、上海、广州、哈尔滨四个城市的消费者调查，可以看出发达地区消费者接触有机农产品的时间较早，对有机农产品的认知较深；价格高是人们对有机农产品的第一印象，安全、健康、有营养等特点则排在其后，消费者基本上认同有机农产品价格比一般产品要高，并且在信任有机农产品安全性的前提下，消费者愿意用高出普通农产品 64% 的价格来购买有机农产品；多数消费者在日常生活中购买过有机农产品，但占家庭总食物消费支出的比例偏低；消费者通过品牌来确定是否相信产品是否确为有机食品，而非产品认证信息；影响消费者购买有机农产品的因素主要有消费者的学历、家庭年收入、家庭中是否有老人和小孩、对有机食品的认知和信任度等。

（7）有机农产品的供应更需要专业化、高效率的流通渠道。农产品市场流通是农产品所有权过渡和价值实现的过程，健全有序高效的流通渠道是一个产业建立与发展的基础。有机农产品与普通农产品一样具有保存期限短和产品种类多样化的特性，同时相比普通农产品单位成本和价格都要高。与发达国家相比，我国有机农产品市场起步较晚，其中一个重要原因就是流通渠道不健全。我国国内区域经济发展水平不平衡，有机农产品的生产和消费区域比较分散，这些都增加了有机农产品的市场流通难度。从我国有机农业的发展现状来看，有机农产品的市场认知度和接受度的提高需要培育和利用市场流通系统。目前国内有机农产品流通方式主要有四种：超市、网络、有机专卖店和非认证的直销方式。

（8）"公司＋农户"是目前我国有机农业生产中有效的组织模式。国内有机农产品生产经营组织类型的突出特征就是企业为龙头，以不同方式与农户有机联合，广泛参与有机农业生产。根据绿色食品中心提供的数据，截至 2012 年，我国有机食品企业数共有685 个。按公司与农户之间的联合方式和主体不同分为"公司＋基地＋农户"、"公司＋合作社＋农户"、"公司＋农户"对接的三种方式。这三种模式都是对传统分散农户生产经营的创新，有利于推动有机农业的发展，公司或企业带动有机产业发展的作用不可轻视。但这三种模式各有利弊，并没有哪一种能称为最理想的生产组织方式，能在生产、加工、销售一体化的情况下，形成生产者、加工者与销售者三者之间风险共担、利益均沾的运行机制。

（9）有机农产品质量追溯体系、法律法规体系需要进一步完善。我国政府通过建立有机农产品质量追溯体系、法律法规体系等对有机农产品市场进行监管，并且取得了一定的成效，但由于我国有机农产品市场起步较晚，还处于完善和发展的时期，在政府监管方面还存在着许多问题，如：多头管理、部门协调成本高；法律法规效力位阶低，《有机产品认证管理办法》仅为部门规章，处罚范围和力度非常有限等问题。

8.2 促进中国有机农业可持续发展的政策建议

基于上述结论，本书提出以下几点政策建议：

（1）合理解决发展有机农业的定位问题。目前国内有一些反对大力发展有机农业的观点，主要认为有机农业属于"小众农业"、"高端农业"，认为发展有机农业会危及粮食安全战略，并且由于消费者主要面向高端人群，在国家层面不宜提倡发展有机农业和对有机农业进行补贴。事实上，有机农业占整个农业的比重虽然很小，但综合比较各种农业的发展模式，有机农业兼顾农业生产、经济、生态环境和社会需求，是对未来理想农业的一种探索，可以为其他农业形式提供借鉴。参考国外发展有机农业的经验，未来十年中国有机农业和有机农产品的生产规模将达到占总耕地面积的3%～5%，因此，在我国农业宏观发展战略中，建议将有机农业作为生态环境保护、食品质量安全保障、技术性贸易壁垒规避的重要措施，在有条件、有需求、有基础的地区健康、有序地发展有机农业。

（2）各级政府应加大对有机农业的财政支持。有机农业在提高农产品质量的同时，对生态环境也会产生积极的影响，具有正的外部性，因此有机农业的发展需要各级政府的大力配合和支持。目前，我国仅有部分有机业农业发展较好的地区，如辽宁、上海、四川等地对有机农业生产和认证进行补贴，但补贴范围和力度都比较有限，缺乏全国范围内统一的对有机农业的鼓励和扶持政策。因此，应借鉴欧美等发达国家的做法，从国家的角度，出台对有机农业生产、加工、认证等环节的补贴政策，对有机从业者尤其是处在转换期的生产者，给予适当的直接补贴和认证费用补贴，降低进入者和生产者的交易成本。而且，对有机农业的财政补贴一般会归纳为"农业环境保护补贴"，属于 WTO 规则中"绿箱"政策的范畴，不易引起进口国的反补贴调查和关税壁垒。

（3）鼓励农户适度规模化经营。小面积有机种植在生产技术、标准和效率上都难以保证，在产品销售上难以形成规模效益，生产者也没有能力与收购者定价议价。有机农业生产必须具备一定规模，生产者才能享受到有机农产品的溢价。因此，可以鼓励农户适度规模化经营有机农业，在本书调研中，山东肥城的一些村政府给予农户 100 元/亩的流转土地租金补贴，在提高农户扩大规模的积极性上收到了较好的效果。

（4）加大对有机农业数据收集和科研的投入。我国有机产品市场起步较晚，有机产业的信息和数据获取困难，缺乏有机食品贸易方面的评估与有机市场发展战略规划，有机农业科研工作水平也有待于提高，因此，需要政府建立公共信息平台，为有机产品生产、销售和贸易提供信息保障。同时，应加大有机农业的科研投入，通过开展有机食品生产、加工、贮存、包装、运输等方面的技术研究，为有机农业的发展提供技术保障。

（5）推进有机农产品宣传工作。国内消费者对有机农产品的认知度和购买意愿不强，是制约有机农产品市场发展的主要障碍。消费者对有机农产品的认知和认可是其产生支付意愿的基础。因此，相关部门应加大对有机农业的宣传力度，使更多的消费者了解有机农产品，培养消费者对有机农产品的消费意识和意愿，为有机农产品市场发展提供良好的需求环境。

（6）完善有机农业监管体系。我国有机农业生产归农业部管理，认证则由环保部管理，其他还涉及质量监督检验检疫总局、工商行政管理总局等多个部门，这种多部门管理的现象容易导致部门之间的推诿。而且我国针对有机农产品的《有机产品认证管理办法》在法律效力上仅为部门法，涉及的处罚范围和力度比较有限。因此，国家应设立专门的有机农业和食品管理机构，并出台类似于美国有机农业法案的有机农业及有机农产品管理的国家法，进一步切实有效地规范有机农业的发展。

（7）加强国际交流与合作。美国与欧盟、日本等国家或地区签订的有机贸易简化协议极大促进了本国有机农业市场的发展。而我国到目前尚未与任何国家就有机农业签订贸易协议，虽然我国有机农业标准在修订后变得更加严格，但许多标准与主要进口国的有机生产标准之间还有很多的差异。我国有机农产品在出口时还需要按进口国的有机标准再次进行认证和检查，加大了贸易成本和生产者的负担，也延长了交易周期。因此可以借鉴美国与其他国家或地区签订有机农业贸易简化协议的模式，与一些主要进口国签订贸易协议，促进有机农产品和有机标准的国际互认。

（8）创新生产组织和流通机制。不同的地区在选择有机农业生产组织模式时应根据当地农业资源、生产力发展水平、组织化程度和企业发展水平，以及当地有机农业生产所处的发展阶段来选择相应的生产组织形式，同时，在总结经验教训的基础上对有机农业生产组织模式不断进行创新。企业应从拓展流通渠道入手，对有机农产品市场和销售对象进行专业化细分，由此来确定适合企业自身发展的流通渠道，在满足不同消费者的个性化和多样化需求的同时，可以发挥价格竞争优势，降低企业成本。

附录一　关于有机食品和蔬菜消费需求的调查问卷

编号：_____

被访问人姓名：_____联系电话：_____

住址：_____市_____区_____街道_____小区

名称_____

调查者姓名：_____调查日期：2011 年____月___日

一、基本概况

1. 被访问人的年龄：_____岁；民族：_____

2. 生活在一起的家庭成员（子女，请在性别上画〇标明）？

配偶：（A 男 B 女）_____岁；民族：_____

父：_____岁；母：_____岁

子女：1（A 男 B 女）_____岁；2（A 男 B 女）_____岁；

3（A 男 B 女）_____岁

3. 您的学历？

A. 小学　　　　B. 初中　　　　C. 高中　　　　D. 技校

E. 大专　　　　F. 大学　　　　G. 硕士　　　　H. 博士

4. 您家全年总收入？

A. 3 万元以下　　　　　　　B. 3 万~4 万元

C. 4 万~5 万元　　　　　　D. 5 万~6 万元

E. 6 万~8 万元　　　　　　F. 8 万~10 万元

G. 10 万~15 万元　　　　　H. 15 万~20 万元

I. 20 万元以上

5. 您家庭食物消费支出占总收入的比例是多少：_____％

6. 您家在以下哪些地方购买蔬菜的频率最高？（请按第1、第2、第3位顺序填写）

A. 超市　　　　B. 专营店　　　　C. 菜市场　　　　D. 网购

E. 配送

第1位：_____　　第2位：_____　　第3位：_____

二、关于有机农产品的问题

1. 您在平时购买蔬菜时最注重的是以下当中的哪几方面？（请按重视程度排出第1、第2、第3位顺序填写）

A. 味道（是否好吃）　　　　B. 安全性

C. 外观　　　　　　　　　　D. 产地

E. 价格　　　　　　　　　　F. 营养

G. 蔬菜的新鲜程度

第1位：_____　　第2位：_____　　第3位：_____

2. 您是什么时候听说"有机农产品"这个词汇的？

A. 5年以前　　　　　　　　B. 前3～5年

C. 前2～3年　　　　　　　　D. 前1～2年

E. 最近1年之内　　　　　　F. 今天首次听说

3. 您是否知道"有机"、"绿色"、"无公害"农产品的区别？

A. 知道　　　　　　　　　　B. 不知道

4. 请您区分以下当中在生产有机农产品时可以使用和不能使用的。

家畜的粪尿：____　　　　A. 可以使用　　B. 不能使用

化肥：____　　　　　　　A. 可以使用　　B. 不能使用

玉米等植物秸秆：____　　A. 可以使用　　B. 不能使用

除草剂：____　　　　　　A. 可以使用　　B. 不能使用

农家肥：____　　　　　　A. 可以使用　　B. 不能使用

农药：____　　　　　　　A. 可以使用　　B. 不能使用

5. 关于有机农产品，您能接受的价格是多少？（如果一般蔬菜

价格为 10 元，那么有机蔬菜价格在_____元之内，您愿意购买（小数点后保留两位小数））

6. 您家购买有机农产品的频率大约是？

A. 至今没有买过（跳问第 8 题）

B. 买过几次

C. 经常购买，有机农产品占农产品购买总量的一半以下

D. 经常购买，有机农产品占农产品购买总量的一半以上

E. 所购买的农产品基本上都是有机的

7. 如果您家经常购买有机农产品，主要购买方式是以下哪几种？（请按第 1、第 2、第 3 位顺序填写）

A. 超市   B. 专营店   C. 菜市场   D. 网购

E. 配送

第 1 位：_____   第 2 位：_____   第 3 位：_____

选择"配送"方式的，请填写配送公司名称：_____

8. 下面关于有机农产品的印象当中，请您选择印象最深的三种并排序。

A. 味道好   B. 安全   C. 外观好   D. 假货多

E. 价格高   F. 有利于健康

G. 有助于延年益寿   H. 营养价值高

第 1 位：_____   第 2 位：_____   第 3 位：_____

9. 作为有机农产品是否真正经过有机栽培生产的鉴别信息，在以下当中您认为哪种信息是最可信的？（最多选择 3 个）

A. 产地的品牌   B. 产地的信息

C. 网络信息   D. 来自销售商铺的信息

E. 熟人介绍的信息   G. 来自新闻媒体的信息

10. 在您家附近销售的有机农产品当中，您认为真正经过有机栽培生产的比例有_____％。

11. 您认为自己对有机农产品的认识程度（栽培方式、商品价值、销售价格、销售商铺等）和其他人相比怎么样？

A. 和其他人相比，自己的认识程度要高得多
B. 和其他人相比，自己的认识程度稍微高一点
C. 和其他人相比，自己的认识程度不高不低
D. 和其他人相比，自己的认识程度要低一点
E. 和其他人相比，自己的认识程度要差得多

附录二　有机菜花农户调研

肥城市_____乡/镇_____村

被访人姓名：_____联系电话：_____

调查者姓名：_____

调查日期：_____年____月____日

中国农业科学院农业经济与发展研究所农业政策研究室

一、基本情况

（一）农户情况

1. 家庭成员数：_____人，其中，未成年人_____

从事农业人数：_____人，户主学历：_____（性别：_____、年龄：_____）

外出打工数：_____人，外出打工区域：A. 乡内　B. 县内乡外　C. 省内县外　D. 省外

外出打工时间：_____（人·天/年），农忙时是否回家：A. 是　B. 否

2. 从事有机农业生产的时间：_____，转换期从_____

年至_____年。

3. 有机农业生产产前决策的信息来源：____

A. 政府宣传

B. 企业订单（企业名称：_____）

C. 亲朋好友   D. 传媒

E. 其他_____

4. 从事有机农业生产的资金来源：____

A. 全部自负

B. 部分自负，其他：银行贷款_____元，利率_____；其他借款_____元，利率_____

（二）技术培训情况

5. 是否接受过有机农业技术培训：____

A. 是   B. 否

有机农业技术培训接受程度：____

A. 从生产、加工到贮存全套   B. 部分

技术服务来源：____

A. 农技推广人员   B. 专业合作社

C. 公司培训   D. 农户之间互相交流

E. 自己摸索、凭经验

6. 迫切需要哪方面有机农业技术培训：____

A. 轮作   B. 病虫害防控

C. 肥料制作及施肥   D. 加工、包装和流通

E. 其他_____

（三）生产风险情况

7. 认为有机农业生产中主要的风险是：____

A. 缺乏技术   B. 种子和肥料等投入成本高

C. 费工   D. 生产标准高

E. 没有稳定的销售渠道   F. 市场价格波动频繁

G. 产量低   H. 生产资料质量问题

I. 合同违约   J. 信息获取

K. 其他_____

8. 有机农业生产中曾遭受的损失来自：____

A. 气候灾害   B. 病虫害   C. 价格低   D. 卖不出去

E. 其他_____

遭受的损失：____

A. 完全由自己承担   B. 政府补贴

C. 公司补贴   D. 合作社补贴

E. 作物保险

9. 有机菜花受灾情况：

时　间	灾害类型	受灾面积
2014 年春菜花		
2013 年秋菜花		

灾害产生的损失：____

A. 完全由自己承担   B. 政府补贴_____元

C. 公司补贴_____元   D. 合作社补贴_____元

E. 作物保险（保费_____元，赔偿额_____元）

（四）农资情况

10. 种子是否为有机认证的种子：____

A. 是   B. 否（一般种子）

11. 种子获取途径：____

A. 农资公司   B. 技术推广站

C. 订单公司免费提供   D. 由订单公司指定，自行购买

E. 其他_____

12. 肥料获取途径（可多选）：____

A. 农资公司   B. 技术推广站

C. 订单公司免费提供   D. 由订单公司指定，自行购买

E. 自己制作 　　　　　　　　F. 从其他农户购买

G. 养殖场 　　　　　　　　　H. 其他_____

13. 农药获取途径：____

A. 农资公司 　　　　　　　　B. 技术推广站

C. 订单公司免费提供 　　　　D. 由订单公司指定，自行购买

E. 其他_____

（五）认证情况

14. 从事有机生产的耕地是否接受过检测：A. 是　B. 否

15. 有机菜花有是否经过有机认证：A. 是　B. 否

认证组织方：A. 政府　B. 企业　C. 合作社　D. 农民自己

认证机构名称：_____，认证费

用：_____元，认证费用承担方（可多选，后填金额或比

例）：

A. 政府_____ 　　　　　　B. 企业_____

C. 合作社_____ 　　　　　D. 农民自己_____

16. 生产中是否会受到监督：A. 是　B. 否

监督来自：A. 政府　B. 企业　C. 合作社　D. 其他_____

（六）生产和补贴意愿

17. 接下来是否会扩大有机农业面积：A. 是　B. 否

原因：_____

18. 希望得到哪种方式的扶持：____

A. 参加作物保险（保费补贴）　B. 直接补贴

C. 转换期补贴 　　　　　　　　D. 市场信息和产品推广服务

二、土地经营规模（亩）

时间	耕地面积（含租地）	有机农业面积	常规农业面积	有机菜花面积
2014 年				
2013 年				

三、有机菜花产量和产出

时 间	产量（斤/亩）	各种销售渠道、数量（斤）、售价（元/斤）
2014 年春菜花		
2013 年秋菜花		

注：销售渠道不同，出售价格不同，需全部列出

四、有机菜花生产成本

1. 肥料投入（单位：平方/亩或斤/亩，可追加）

施肥种类：＿＿＿＿＿＿＿＿＿＿＿＿＿＿＿＿＿＿＿＿＿＿＿

（提示：农家肥、商品有机肥料、生物菌肥、叶面肥料、有机复合肥等）

时间	＿＿投入量（＿/亩）	单价（元/＿）	＿＿投入量（＿/亩）	单价（元/＿）	＿＿投入量（＿/亩）	单价（元/＿）
2014 年春菜花						
2013 年秋菜花						

2. 农药投入（单位：平方/亩或斤/亩，可追加）

施药种类：＿＿＿＿＿＿＿＿＿＿＿＿＿＿＿＿＿＿＿＿＿＿＿

（提示：植物源、微生物源或矿物源的杀虫剂、杀菌剂、驱避剂、增效剂等）

时间	＿＿投入量（＿/亩）	单价（元/＿）	＿＿投入量（＿/亩）	单价（元/＿）	＿＿投入量（＿/亩）	单价（元/＿）
2014 年春菜花						
2013 年秋菜花						

3. 种子、农膜投入

时间	种子费 （元/亩）	种子用量 （斤/亩）	农膜费 （元/亩）	每亩农膜用量 （斤/亩）
2014 年春菜花				
2013 年秋菜花				

4. 作业费（单位：元/亩）

时间	租赁机械 作业费	排灌费	水费	灌水量 （立方米/亩）	畜力费	其他_____
2014 年春菜花						
2013 年秋菜花						

5. 其他直接费用（单位：元/亩）

时间	生物防控费	燃料动力费	技术服务费	其他_____
2014 年春菜花				
2013 年秋菜花				

注：燃料动力费指生产中使用的柴油、润滑油、动力等费用，销售产生的运费不计入内。

6. 固定资产投入（提示：单位价值百元以上，使用年限 1 年以上）

资产项	数量（台/个）	购买/建造年份	使用年限	购买/建造价格（元）	现值（元）
播种机					
水泵					
发电机					
拖拉机					

续表

资产项	数量（台/个）	购买/建造年份	使用年限	购买/建造价格（元）	现值（元）
生产大棚					
加工设备					
其他_____					

7. 其他间接费用（单位：元）

时间	保险费	管理费	销售费
2014 年春菜花			
2013 年秋菜花			

注：政府补贴的保费如有也计入保险费，同时计入补贴收入。

销售费包括运输、包装、装卸等费用。

8. 劳动投入

时间	总用工数（天）	家庭用工数（天）	雇工数（天）		雇工工价（元/天）	
			有经验	无经验	有经验	无经验
2014 年春菜花						
2013 年秋菜花						

注：雇用他人进行销售产生的费用计入销售费，不计入劳动投入。

9. 每亩用工数量：（单位：天）

时间	翻地	育苗及移栽	施肥	除草	病虫害防治	灌溉	收获
2014 年春菜花							
2013 年秋菜花							

注：施肥包括有机肥料制作及加工过程，如沤肥、堆肥等。

10. 土地投入（流转部分）

时间	流转地承租数量（亩）	流转地租金（元）
2014 年春菜花		
2013 年秋菜花		

五、政府政策扶持情况

时间	直接补贴（元/亩）	减免税（元/亩）	其他（名称列出）
2014 年			
2013 年			

六、家庭收入状况（2013 年）

收入来源	金额（元）
总收入	
1. 工资性收入	
外出打工收入	
其他工资性收入	
2. 家庭经营收入	
农业收入	
有机农业收入	
非农收入	
3. 财产性收入	
利息、股息、租金（包括农业机械）、红利等	
流转土地收入	
土地征用补偿	
4. 转移性收入	
家庭非常住人口寄回和带回、亲友赠送、救济金、救灾款等	

续表

收入来源	金额（元）
农业生产补贴	
5. 其他收入	
出售财产所得款	
保险赔付	

七、种植的其他有机蔬菜品种

作物	面积（亩）	产量（斤）	出售数量（斤）	出售金额（元）	生产成本（元）

参考文献

［1］包宗顺. 中国有机农业发展对农村劳动力利用和农户收入的影响［J］. 中国农村经济, 2002（7）: 38 - 43.

［2］包宗顺. 常规水稻与有机水稻生产的技术经济比较: 江苏省溧水县共和乡案例分析［J］. 农业技术经济, 2000（6）: 40 - 44.

［3］保罗·萨缪尔森, 威廉·诺德豪斯. 经济学（第十七版）［M］. 北京: 人民邮电出版社, 2003.

［4］鲍学东, 郑循刚. 基于 SFA 的四川农业生产技术效率分析［J］. 科技管理研究, 2008（9）: 80 - 84.

［5］蔡海龙, 韩一军, 倪洪兴. 美国 2012 年农业法案的主要变化及特点［J］. 世界农业, 2013（2）: 48 - 60.

［6］柴冬梅. 有机农业和有机食品的发展现状［J］. 河南农业（教育版）, 2007（7）: 57.

［7］陈世波. 循环农业主体行为的理论分析与实证研究［D］. 华中农业大学论文, 2008.

［8］陈阜. 农业生态学（第 2 版）［M］. 北京: 中国农业大学出版社, 2012.

［9］陈建新, 曾继吾, 金燕等. 基于随机前沿生产函数的柑橘生产技术效率分析［J］. 浙江农业学报, 2011（5）: 1038 - 1043.

［10］陈森发, 何宽. 有机食品生产基地劳动力转移的优化研究［J］. 东南大学学报（哲学社会科学版）, 2009（5）: 63 - 66.

［11］陈锡文. 中国食品安全战略研究［M］. 北京: 化学工

业出版社，2004.

[12] 陈新娟，朱祝军，徐志豪. 有机农业在中国的发展优势、现状及对策研究 [J]. 农业经济问题，2003 (8)：26 – 31.

[13] 陈连武. 北京有机蔬菜发展研究 [D]. 中国农业大学论文，2005.

[14] F. H. King 著. 四千年农夫：中国、朝鲜和日本的永续农业 [M]. 程存旺，石嫣译. 北京：东方出版社，2011.

[15] 陈廷贵等. 中日良好农业规范的经济学分析 [M]. 北京：中国农业出版社，2013.

[16] 陈永福，赵宇虹，苏群. 中国有机蔬菜的生产现状和市场分析 [J]. 蔬菜，2006 (1)：2 – 4.

[17] 诸文娟，钟甫宁，吴群. 江苏茶农选择有机种植方式的影响因素分析 [J]. 华中农业大学学报（社会科学版），2007 (3)：36 – 39.

[18] 戴迎春，朱彬，应瑞瑶. 消费者对食品安全的选择意愿：以南京市有机蔬菜消费行为为例 [J]. 南京农业大学学报（社会科学版），2006 (1)：47 – 52.

[19] 丁品，王九如. 发展有机农业要先解决五个问题 [N]. 经济日报，2004 – 08 – 16.

[20] 杜相革，董民. 有机农业导论 [M]. 北京：中国农业大学出版社，2005.

[21] 杜相革，董民. 中国有机农业发展现状、优势及对策 [J]. 农业质量标准，2007 (1)：4 – 7.

[22] 范里安. 微观经济学：现代观点（第七版）[M]. 上海：格致出版社，2009.

[23] 樊红平，朱或. 浅析"三品"的"金字塔结构"的说法 [J]. 农业质量标准，2005 (6)：17 – 21.

[24] 范武波，曾峰，朱立廷. 食品安全事件背景下我国有机农产品市场供求分析及发展对策 [J]. 生态经济，2009 (10)：

127 –130.

［25］方志权等. 日本有机农业的发展与启示［J］. 现代日本经济，2002（2）：15 – 18.

［26］冯忠泽. 中国农产品质量安全市场准入机制研究［M］. 北京：中国农业出版社，2008.

［27］格利高里·曼昆. 经济学原理（第6版）［M］. 北京：北京大学出版社，2013.

［28］高鸿业. 西方经济学（第二版）［M］. 北京：中国人民大学出版社，2000.

［29］关忠诚，杨志，李宇红等. SFA 在研究所技术效率评估中的应用［J］. 科研管理，2009（6）：152 –155，192.

［30］国家认证认可监督管理委员会，中国有机产品认证技术工作组. 有机产品国家标准［M］. 北京：中国质检出版社（中国标准出版社），2012.

［31］郭春敏，李秋洪，王志国. 有机农业与有机食品生产技术［M］. 北京：中国农业科学技术出版社，2005.

［32］韩杨. 中国绿色食品产业演讲及其阶段特征与发展战略［J］. 中国农村经济，2010（2）：33 – 43.

［33］何宽. 有机食品生产中基于问题的建模与优化［D］. 东南大学论文，2004.

［34］何枫，陈荣，何炼成. SFA 模型及其在我国技术效率测算中的应用［J］. 系统工程理论与实践，2004（5）：46 –50.

［35］黄国勤. 有机农业：理论、模式与技术［M］. 北京：中国农业出版社，2008.

［36］黄国勤. 农业可持续发展导论［M］. 北京：中国农业出版社，2007.

［37］胡定寰，杨伟民. 农产品的食品安全可追溯性与现代供应链［J］. 科学决策月刊，2007（12）：14 –17.

［38］纪宝成等. 市场营销学教程（第四版）［M］. 北京：中

国人民大学出版社，2008：51 –65.

　　[39] 焦翔，高秀文，付婧. 澳大利亚有机农业发展现状 [J]. 世界农业，2012 (11)：94 –95.

　　[40] 焦翔，穆建华，刘强. 美国有机农业发展现状及启示 [J]. 农业质量标准，2009 (3)：15 –21.

　　[41] 姜春云. 走绿色有机农业之路 [J]. 求是，2010 (18)：51 –54.

　　[42] 康明丽等. 我国有机食品的产销现状与发展对策 [J]. 中国食物与营养，2003 (3)：35 –38.

　　[43] 科学技术部中国农村技术开发中心. 有机农业在中国 [M]. 北京：中国农业科学技术出版社，2006.

　　[44] 科埃利等. 效率与生产率分析引论（第二版）[M]. 北京：中国人民大学出版社，2008.

　　[45] 柯炳生. 提高农产品竞争力 [J]. 农业经济问题，2003 (2)：1 –4.

　　[46] 雷切尔·卡尔逊. 寂静的春天 [M]. 北京：科学出版社，2007.

　　[47] 李花粉，乔玉辉，孟凡乔. 国际有机农业标准汇编 [M]. 北京：中国农业大学出版社，2010.

　　[48] 李显军. 中国有机农业发展的背景、现状和展望 [J]. 世界农业，2004 (7)：7 –10.

　　[49] 李功奎，应瑞瑶. “柠檬市场”与制度安排：一个关于农产品质量安全保障的分析框架 [J]. 农业技术经济，2004 (3)：15 –20.

　　[50] 李静. 新疆有机农业发展问题研究 [D]. 新疆农业大学论文，2006.

　　[51] 李晓旭，赵语丝，崔晶. 世界有机农业发展及对中国的启示 [J]. 世界农业，2006 (8)：39 –42.

　　[52] 李世涌，朱东恺，陈兆开. 外部性理论及其内部化研究

综述 [J]. 学术研究, 2007 (8): 117 –119.

[53] 李双杰, 范超. 随机前沿分析与数据包络分析方法的评析与比较 [J]. 统计与决策, 2009 (7): 25 – 28.

[54] 李玉萍, 常平凡. 有机食品的市场机会识别与把握 [J]. 农业经济问题, 2000 (8): 59 – 62.

[55] 刘波. 德国有机农业发展的法律基础与扶持政策 [J]. 世界农业, 2003 (5): 43 – 45.

[56] 刘彦伯. 美国农业补贴政策的优劣与启示 [J]. 经济纵横, 2013 (8): 121 –124.

[57] 刘友芝. 论负的外部性内在化的一般途径 [J]. 经济评论, 2001 (3): 7 – 10.

[58] 刘伟忠, 张建英. "越光" 有机水稻种植模式与效益研究: 以句容市为例 [J]. 江西农业学报, 2008 (4): 122 – 123.

[59] 刘兴旺. 基于有机认证完善的东北地区有机食品产业发展研究 [D]. 东北林业大学论文, 2007.

[60] 林毅夫. 制度、技术与中国农业发展 [M]. 上海: 上海三联书店, 1992.

[61] 卢纹岱. SPSS for Windows 统计分析 (第三版) [M]. 北京: 电子工业出版社, 2003.

[62] 罗丞. 消费者对食品安全支付意愿的影响分析——基于计划行为理论框架 [J]. 中国农村观察, 2010 (6): 22 – 34.

[63] 罗丹. 绿色壁垒对我国农产品贸易的影响及对策 [J]. 农业经济问题, 2000 (4): 25 – 28.

[64] 罗芳, 徐丹. 资源消耗农业的可持续经营——日本有机农业发展对中国的借鉴 [J]. 安徽农业科学, 2010 (5): 2613 – 2615.

[65] 马骥, 秦富. 消费者对安全农产品的认知能力及其影响因素——基于北京市城镇消费者有机农产品消费行为的实证分析 [J]. 中国农村经济, 2009 (5): 26 – 34.

[66] 马中. 环境与自然资源经济学概论（第二版）[M]. 北京：高等教育出版社，1999.

[67] 马卓. 中国有机农业发展现状、问题及对策 [J]. 食品科学，2006（11）：338－342.

[68] 马世铭，J. Sauerborn. 世界有机农业发展的历史回顾与发展动态 [J]. 中国农业科学，2004（10）：1510－1516.

[69] 潘洪刚，王礼力. 基于"蛛网理论"的农产品市场风险成因与对策研究 [J]. 安徽农业科学，2008（36）：1234－1235.

[70] 彭超，潘苏文，段志煌. 美国农业补贴政策改革的趋势：2012年美国农业法案动向、诱因及影响 [J]. 农业经济问题，2012（11）：104－109.

[71] 彭志勇. 论有机农业的兴趣对我国农产品出口的影响 [J]. 经济问题探索，2006（5）：14－18.

[72] 乔娟，刘增金等. 消费者对高端猪肉的购买行为及其影响因素分析 [J]. 技术经济，2013（6）：104－109.

[73] 任军. 肥城市有机农业发展研究 [D]. 山东农业大学论文，2008.

[74] 桑跃花. 中国有机食品和德国有机食品之经济比较性研究 [J]. 中国农村经济，2007：134－136.

[75] 单吉堃. 有机农业发展的制度分析 [M]. 北京：中国农业大学出版社，2008.

[76] 尚长风，殷国玺，张国华等. 转换期有机农业的风险与政府行为研究 [J]. 审计与经济研究，2009（3）：76－80.

[77] 申雅静. 农户采纳有机食品生产方式的决策过程及其影响因素的实证研：以安徽省岳西县主簿镇江余畈村有机猕猴桃生产为例 [D]. 中国农业大学论文，2003.

[78] 沈洪满. 生态文明的内涵及其地位 [N]. 浙江日报，2010.

[79] 史剑茹，陈笑. 低碳经济下我国有机农业发展现状与对

策［J］．农产品质量与安全，2010（4）：48－51．

［80］宋敏等．日本环境友好型农业研究［M］．北京：中国农业出版社，2010．

［81］宋敏，南石晃明，杨瑞珍．食品供给与安全性［M］．北京：中国农业科学技术出版社，2008．

［82］苏劲松，王韶辉，董露西等．2012，聚集中国有机农业［J］．新财经，2012（1）：20－35．

［83］唐其展．美国有机农业的发展和启示［J］．广西农业科学，2004，35（6）：517－520．

［84］田伟，李明贤．基于SFA的中国农业生产技术效率分析［J］．生产力研究，2009（21）：55－56，73．

［85］田伟，李明贤，谭朵朵．基于SFA的中国棉花生产技术效率分析［J］．农业技术经济，2010（2）：69－75．

［86］佟倩．全球有机农业标准及认证认可制度的一致化和等效性研究［D］．南京农业大学论文，2009．

［87］涂仕华，韩秀英，秦鱼生．论中国有机农业的发展前景［J］．西南农业学报，2005（1）：99－104．

［88］王长永，王光，万树文，钦佩．有机农业与常规农业对农田生物多样性影响的比较研究进展［J］．生态与农村环境学报，2007（23）：75－80．

［89］王冰，杨虎涛．论证外部性内在化的途径与绩效［J］．东南学术，2002（6）：158－165．

［90］王彩红，张辉．产品属性与网络市场的柠檬问题［J］．科技和产业，2009（7）：54－57．

［91］王川，孔繁涛．构建农产品市场风险预警机制研究［J］．价格理论与实践，2011（7）：31－32．

［92］王大鹏，吴文良，顾松东．中国有机农业发展中的问题探讨［J］．农业工程学报，2008（24）：250－255．

［93］王明利，李威夷．基于随机前沿函数的中国生猪生产效

率研究 [J]. 农业技术经济, 2011 (12): 32-39.

[94] 王世琨. 国内外有机产品标准的比较研究 [D]. 东北林业大学论文, 2007.

[95] 汪云岗等. 有机食品的发展、标准化与认证 [J]. 世界标准化与质量管理, 2002 (7): 25-28.

[96] 卫龙宝, 王恒彦. 安全果蔬生产者的生产行为分析 [J]. 农业技术经济, 2005 (6): 2-9.

[97] 温明振. 有机农业发展研究 [D]. 天津大学论文, 2006.

[98] 瓮怡洁. 有机农业: 法律规制与政策扶持 [J]. 华南农业大学学报 (社会科学版), 2011 (3): 7-16

[99] 乌家培, 谢康, 王明明. 信息经济学 [M]. 北京: 高等教育出版社, 2002.

[100] 吴志冲, 季学明. 经济全球化中的有机农业与经济发达地区农业生产方式的选择 [J]. 中国农村经济, 2001 (4): 33-36.

[101] 吴大付, 胡国安. 有机农业 [M]. 北京: 中国农业科学技术出版社, 2007.

[102] 吴苏燕. 世界有机食品发展趋势及我国面临的机遇 [J]. 国际技术经济研究, 2014 (4): 22-27.

[103] 武拉平. 中国农产品市场行为研究 [M]. 北京: 中国农业出版社, 2002.

[104] 席运官. 发展有机食品, 保护生态环境, 培育生态文明 [J]. 有机食品时代, 2008 (特刊): 1-4.

[105] 席运官, 陈瑞冰. 论有机农业的环境保护功能 [J]. 环境保护, 2006 (9): 48-52.

[106] 夏远强, 韩文秀. 我国农产品质量认证问题探讨 [J]. 农业经济导刊, 2003 (1): 42-45.

[107] 肖芬蓉. 生态文明背景下的社区支持农业 (CSA) 探

析 [J]. 绿色科技, 2011 (9): 6 - 8.

[108] 谢玉梅. 美国有机农业发展及其政策效应分析 [J]. 农业经济问题, 2013 (5): 105 - 109.

[109] 谢玉梅. 欧盟有机农业补贴政策分析 [J]. 财经论丛, 2013 (3): 26 - 31.

[110] 谢玉梅. 有机农业发展: 基于外部性视角的分析 [J]. 农村经济, 2013 (5): 8 - 12.

[111] 谢标, 王晓蓉, 丁竹红. 有机农业的环境效益评估 [J]. 水土保护通报, 2002 (2): 71 - 74.

[112] 解卫华, 汪云岗, 俞开锦. 加拿大有机农业的发展及启示 [J]. 中国农业资源与区划, 2010 (3): 81 - 85.

[113] 解卫华, 张纪兵, 汪云岗. 美国和加拿大有机农业及国际等效互认的意义 [J]. 中国农学通报, 2011 (27): 129 - 132.

[114] 解卫华, 肖兴基, 罗羽洧. 国外有机蔬菜发展现状与启示 [J]. 中国蔬菜, 2009 (15): 1 - 5.

[115] 谢建国. 外商直接投资对中国的技术溢出———一个基于中国省区面板数据的研究 [J]. 经济学 (季刊), 2006 (4): 1110 - 1128.

[116] 熊泽森, 陈珊. 从有机农业发展看农民增收机制的创新 [J]. 农业考古, 2006 (6): 287 - 289.

[117] 辛翔飞, 张怡, 王济民. 规模化养殖对我国肉鸡生产效率的影响 [J]. 技术经济, 2013 (7): 69 - 75.

[118] 许恒周, 肖屹, 吴冠岑. 有机农业对农业生产环境影响的实证分析 [J]. 新疆农垦经济, 2007 (8): 31 - 49.

[119] 杨东群, 李宁辉等. 消费者对有机食品的认知及购买行为影响因素研究 [J]. 农业经济问题, 2012 (增刊): 35 - 40.

[120] 杨丽, 左广胜. 有机农业法规标准与技术指南 [M]. 北京: 中国农业出版社, 2010.

[121] 杨小科. 国外的有机农业 [M]. 北京: 中国社会出版

社，2012.

[122] 叶燕. 基于食品安全的消费行为及支付意愿研究——以有机茶和普通茶的对比消费为例 [J]. 中国科技信息，2007 (19)：160 - 162.

[123] 于维军，孙晓斌. 扩大我国有机食品出口的对策 [J]. 中国检验检疫，2005 (12)：18 - 22.

[124] 余善鸣. 绿色食品有机食品和无公害食品生产的理论与应用 [M]. 北京：中国农业科学技术出版社，2002.

[125] 袁媛，陆建飞. 国外近 10 年有机农业的发展与启示 [J]. 世界农业，2012 (2)：14 - 17.

[126] 袁庆禄，蒋中一. 我国烤烟生产的技术效率分析 [J]. 农业技术经济，2010 (3)：79 - 87.

[127] 尹世久，许佩佩，陈默. 有机食品价格形成机制研究 [J]. 安徽农业科学，2013 (21)：9056 - 9057，9059.

[128] 尹世久，陈默. 消费者安全认证食品多源信任融合模型研究：以有机食品为例 [J]. 江南大学学报（人文社会科学版），2012 (11)：114 - 119.

[129] 张弛，席运官，肖兴基. 我国大型活动中有机食品供给现状及前景分析 [J]. 安徽农业科学，2011 (25)：15791 - 15792.

[130] 张华，屈宝香. 我国西部地区有机农业发展的必要性及有利条件 [J]. 农业经济问题，2004 (3)：62.

[131] 张利国. 安全农产品开发与可持续发展研究 [M]. 北京：中国农业出版社，2007.

[132] 张守文. 当前我国围绕食品安全内涵及相关立法的研究热点：兼论食品安全、食品卫生、食品质量之间关系的研究 [J]. 食品科技，2005 (8)：41 - 50.

[133] 张耀钢，李功奎. 农户生产行为对农产品质量安全的影响分析 [J]. 生产力研究，2004 (6)：34 - 47.

[134] 张纪兵，李德波，张爱国. 国内外有机农业的发展比

较［J］．农业环境与发展，2003（4）：1-3.

［135］赵翼虎．有机食品市场研究述评［J］．世界农业，2013（10）：11-15.

［136］赵金锁．欧盟有机农业发展现状与趋势［J］．作物研究，2009（3）：225-227.

［137］周应恒，霍丽玥等．食品安全：消费者态度、购买意愿及信息的影响——对南京市超市消费者的调查分析［J］．中国农村经济，2004（11）：35-40.

［138］周洁红．消费者对蔬菜安全的态度、认知和购买行为分析——基于浙江省城市和城镇消费者的调查统计［J］．中国农村经济，2004（11）：44-52.

［139］周洁红，黄祖辉．食品安全特性与政府支持体系［J］．中国食物与营养，2013（9）：13-20.

［140］周德翼，杨海娟．食品质量安全管理中的信息不对称与政府监管机制［J］．中国农村经济，2002（6）：29-35.

［141］周应恒，霍丽玥．食品质量安全问题的经济学思考［J］．南京农业大学学报，2003（3）：91-95.

［142］周泽江，宗良纲，杨永岗，肖兴基等．中国生态农业和有机农业的理论与实践［M］．北京：中国环境科学出版社，2004.

［143］张爱国．论中国有机农业产业化与小农户的组织化问题［J］．有机食品时代，2008（1）：8-10.

［144］张弛，席运官等．中国大型活动中有机食品供给现状及前景分析［J］．有机食品时代，2011（4）：10-14.

［145］张新民．中国有机农产品市场发展研究［M］．北京：中国农业出版社，2010.

［146］张新民，陈永福等．全球有机农产品消费现状与发展趋势［J］．农业展望，2008（11）：22-25.

［147］张志恒．有机食品标准法规与生产技术［M］．北京：

化学工业出版社，2013.

[148] 张晨，韩兴勇. 休闲渔业的正外部效应研究 [J]. 广东农业科学，2009 (10)：276－279.

[149] 张纪兵，肖兴基，周泽江. 中国有机产品认证认可监管体系现状 [J]. 有机食品时代，2008 (4)：1－5.

[150] 赵克强，周泽江，汪云岗. 有机食品的标准、认证与质量管理 [M]. 北京：中国计量出版社，2005.

[151] 中国农业大学生态与环境科学系，农业部优质农产品开发服务中心. 国际有机农业标准与法. 规汇编（欧盟和 IFOAM）部分 [M]. 北京：中国农业大学出版社，2001.

[152] 钟甫宁. 农业经济学（第五版）[M]. 北京：中国农业出版社，2010.

[153] 钟甫宁等. 消费者对转基因食品的认知情况及潜在态度初探：南京市消费者的个案调查 [J]. 中国农村观察，2001 (1)：12－15.

[154] 翟虎渠，钟甫宁，路明. 农业概论（第2版）[M]. 北京：高等教育出版社，2010.

[155] 郑风田，刘璐琳. 有机认证制度与全球农业结构调整研究综述 [J]. 江西财经大学学报，2007 (6)：72－76.

[156] 朱艳. 基于农产品质量安全与产业化组织的农户生产行为研究：以浙江省为例 [D]. 浙江大学论文，2005.

[157] Anna Maria, Daniela Vairo, Stephan Dabbert, Raffaele Zanoli. Organic faming policy development in the EU: What can multi-stakeholder processes contribute? [J]. Food Policy, 2009 (34): 265－272.

[158] Anil Markandya, Sununtar Sebtoonsarng, Qiao Yuhui. The costs of achieving the Millennium Developmnet Goals through adopting organic agriculture [R]. ADBI Working Paper Series N. 193, 2010.

[159] Bernard K. , Connie Jones, Lawrence Pratt. Is sustainable agriculture a viable strategy to improve farm income in Central America? A case study on coffee [J]. Jornal of Business Research, 2006 (59): 322 – 330.

[160] Bob Tanner. Independent assessment by third-party certification bodies [J]. Food Control, 2000 (11): 415 – 417.

[161] Brian L. , Connelly S. , Trevis Certo. Signaling Theory: A review and assessment [J]. Journal of Management, 2011 (39): 40 – 67.

[162] Carolyn D. , Lydia Oberholtzer. The U. S. organic handling sector in 2004 [R]. ERS Economic Informaiton Bulletin No. 36, 2008 (5).

[163] Christian S. , Nicholas Lampkin. The role of multi-target policy instruments in agri-environmental policy mixes [J]. Jornal of Environmental Management, 2014 (145): 180 – 190.

[164] Cobb D. , Feber R. , Hopkins A. , Stockdate L. , O' Riordan T. , Clements B. , Firbank L. , Goulding K. , Jarvis S. , Macdonald D. Integrating the environment and economic consequences of converting to organic agriculture: Evidence from a case study [J]. Land Use Policy, 1999 (16): 207 – 221.

[165] Coelli T. J. A guide to Frontier Version 4. 1: A computer program for Stochastic Frontier Production and cost function estimation [R/OL]. Centre for Efficiency and Productivity Analysis Working Papers, No. 7/96, http: //www. une. edu. au/econometrics/cepawp. htm.

[166] David L. O. , H. Holly Wang, Laping Wu. Chinese producer behavior: Aquaculture farmers in Southern China [C]. Agricultural & Applied Cconomics Associaton's 2013 AAEA & CAES Joint Annual Meeting.

[167] D. Andrew Austin, Mindy R. Levit. Mandatory Spend-

ing Since 1962. Congressional Research Service Report for Congress. 2012 (March 23): RL33074.

[168] D. G. Hole, A. J. Perkins, J. D. Wilson. Does organic farming benefit biodiversity? [J]. Biological Conservation, 2005 (122): 113 - 130.

[169] Danilo Gambelli, Francesco S. , Raffaele Zanoli. Noncompliance in organic farming: A cross-country comparison of Italy and Germany [J]. 2014 (2): 9 - 15.

[170] Dick Cobb, Ruth Feber, Alan Hopkins. Integrating the environmental and economic consequences of converting to organic agriculture: evidence from a case study [J]. Land Use Policy, 1999 (16): 207 - 221.

[171] FiBL, IFOAM. The World of Organic Agriculture: Statistics and Emerging Trend 2013 [M]. BIOFACH, Germany.

[172] Friederike A. , Holger Schulze. The reliability of third-party certification in the food chain: From checklists to risk-oriented auditing [J]. Food Control, 2009 (20): 927 - 935.

[173] G. E. Battese, T. J. Coelli. Frontier producton functions, Technical efficiency and Panel data: With application to paddy farmers in India [J]. Journal of Productivity Analysis, 1992 (3): 153 - 169.

[174] G. I. Guzman, M. Gonzales de Molina. Preindustrial agriculture verses organic agriculture: The land cost of sustainablility [J]. Land Use Policy, 2009 (26): 502 - 510.

[175] Gary D. Thompson, Julia Kidwell. Explaining the Choice of Organic produce: Cosmetic Defects, Prices, and Consumer Preferences [J]. American Journal of Agricultural Economics, 1998 (2): 277 - 287.

[176] H. L. Tuomisto, I. D. Hodge, P. Riordan, D. W.

Macdonald. Does organic farming reduce environmental impacts? – A meta-analysis of Europeanresearch [J]. Journal of Enviornmental Management, 2012 (112): 309 – 320.

[177] Hanson, James C. & Dismukes, Robert & Chambers, William & Greene, Catherine R. & Kremen, Amy. Risk and Risk Management in Organic Agriculture: View of Organic Farmers. The University of Maryland, Working Papers, 2002 (28551).

[178] Heidrun Moschitz, Matthias Stolze. Organic farming policy networks in Europe: Context, actors and variation [J]. Food Policy, 2009 (34): 258 – 264.

[179] Hearne R. The use of choice experiments to analyze consumer preference for organic production in Costa Rica, 2002 [J]. AAEA Annual Meetings Long beach, Ca. July 30, 2002: 1 – 13.

[180] Institute for Food and Agricultural Standards. A theoretical framework for examing the role of third-party certifiers [J]. Food Contral, 2004 (15): 615 – 619.

[181] James C. H., Robert Dismukes. Risk and rsk maagement in organic agriculture: View of organic farmers [R]. Department of Agricultural and Resourse Economics, the University of Maryland, College Park, WP 01 – 03.

[182] Jens Leifeld. How sustainable is organic farming? [J]. Agriculture, Ecosystems and Enviorment, 2012 (150): 121 – 122.

[183] Lee-Ann Sutherland. "Effectively organic": Enviornmental gains on conventional farms through the market? [J]. Land Use Policy, 2011 (28): 815 – 824.

[184] Lee-Ann S., Ika Darnbofer. Organic farmes and "good farmers": Changing habitus in rural England [J]. Journal of Rural Studies, 2012 (28): 232 – 240.

[185] Lohr L., Salomonsson L. Conversion subsidies for organic

production: results from Sweden and lessons for the United States [J].
Agricultural Economics, 2000 (22): 133 – 146.

[186] Ma Shiming, Joachim Sauerborn. Review of history and
recent development of organic farming worldwide [J]. Agricultural Sci-
ence in China, 2006 (3): 169 – 178.

[187] Maki H. , Carmen B. , Lawrence B. Third-party certifica-
tion in the global agrifood system [J]. Food Policy, 2005 (30):
354 – 369.

[188] Myles O. , Henning H. , Lucimar S. , Gustavo F. , Qiao
Yuhui. Certified orgaic agriculture in China and Brazil: Market acces-
sibility and outcomes following adoption [J]. 2010 (69): 1785 – 1793.

[189] Matthisa Stolze, Nampkin. Policy for organic farming:
Rationale and concepts [J]. Food Policy, 2009 (34): 237 – 244.

[190] Michael D. , Corinne E. , Maria I. Marshall. To certify
or not to certify? Separating the organic producton and certification deci-
sions [J]. Food Policy, 2014 (2): 1 – 7.

[191] Michael Spence. Job marketing signaling [J]. The Quar-
terly Journal of Economics, 1973 (87): 355 – 374.

[192] Misa Aoki. Motivations for organic farming in tourist re-
gions: a case study in Nepal [J]. Environmental Sustain, 2014
(16): 181 – 193.

[193] P. Toro-Mujica, A. Garcia. Techinical efficiency and vi-
ability of organic dairy sheep farming systems in a traditional area for
sheep production in Spain [J]. Small Ruminant Research, 2011
(100): 89 – 95.

[194] Qiang Baifa, Huang Tianzhu. A comparative study of or-
ganic agriculture development between China and South Korea [J].
Ecological Economy, 2010 (6): 96 – 104.

[195] Ralph M. Chite. The 2014 Farm Bill (P. L. 113 – 79):

Summary and Side-by-Side. Congressional Research Service Report for Congress. 2014 (February 12): R43076.

[196] Renee Johnson, Jim Monke. What Is the Farm Bill? Congressional Research Service Report for Congress. 2013 (October 11): RS22131.

[197] Renee Johnson. Organic Agriculture in the United States: Program and Policy Issues. Congressional Research Service Report for Congress. 2008 (November 25): RL31595.

[198] Research Institute of Organic Agriculture (FiBL), and International Federation of Organic Agriculture Movements (IFOAM). The World of Organic Agriculture: Statistics & Emerging Trends 2013. Frick and Bonn, 2013: 178 – 180.

[199] Research Institute of Organic Agriculture (FiBL), and International Federation of Organic Agriculture Movements (IFOAM). The World of Organic Agriculture: Statistics & Emerging Trends 2014. Frick and Bonn, 2014: 241 – 246.

[200] Sheetal P., Pytrik Reidsma, Pratik Shah. Comparing conventional and organic agriculture in Karnataka, India: Where and when can organic farming be sustainable? [J]. Land Use Policy, 2014 (27): 40 – 51.

[201] Shuai Liu, Dongyong Zhang, Rong Zhang, Bin Liu. Analysis on RFID operation strategies of organic food retailer [J]. Food Control, 2013 (33): 461 – 466.

[202] Stephen R. Vina. Harvey Veneman and the National Organic Program: A Legal Analysis. Congressional Research Service Report for Congress. 2006 (September 26): RS22318.

[203] Stephen D., Christian Lippert, Alexander Zorn. Introduction to the special secton on organic certification systems: Policy issues and research topics [J]. Food Policy, 2014 (2): 12 – 15.

[204] Joseph Eugene Stiglitz P. Financial market stability and monetary policy [J]. Pacific Economic Review, 2002 (1): 13 - 30.

[205] Tamilla Mavlanova, Raquel B. F., Marios Koufaris. Signaling theory and information asymmetry in online commerce [J]. Information & Management, 2012 (49): 240 - 247.

[206] Tim Coelli. Estimator and hypothesis tests for a stochastic frontier function: A Monte Carlo anlysis [J]. Journal of Procuctivity Analysis, 1995 (6): 247 - 268.

[207] Vangelis Tzouvelekas, Christos J. Pantzios, Christos F. Technical efficiency of alternative farming systems: the case of Greek organic and conventional olive-growing farms [J]. Food Policy, 2001 (26): 549 - 569.

[208] William A. M., Diakalia Sanogo. Welfare gains from quality certification of infant foods: Results from a market experiment in Mali [J]. Agricultral Economy, 2002 (84): 974 - 989.

[209] William Boulding, Amna Kirmani. A consumer-side experimental examination of signaling theory: Do consumers perceive warranties as signals of quality? [J]. Journal of Consumer Research, 1993 (1): 111 - 123.

[210] Wirat Krasachat. Organic production practices and technical inefficiency of durian farms in Thailand [J]. Procedia Economics and Finance, 2012 (3): 445 - 450.

[211] Zhang Lijiang, Zhu Lizhi. Controlling Agricultural Tridimensional Pollution through Circular Economic Mechanism [J]. Chinese Business Review, Jun. 2005: 3 - 6.

[212] Zhu Lizhi, Liu Jing, Xu Rang, Xiang Meng. Analysis of Changes in Energy Consumption and Demand Trend in China's Agricultural Production [J]. Asian Agricultural Research, 2011, 3 (3): 1 - 5, 10.

致　　谢

本书是在我的博士论文的基础上修改完成的。本书能够顺利完成，首先要感谢我的博士生导师李宁辉研究员。李老师从本书的选题、设计、方法选择、实地调研等方面给予我精心指导，并且在科研工作中，尽可能地提供学习和锻炼机会，激励我在科研的道路上不断进取。李老师是个不善言辞的人，但他渊博的学术知识、严谨的治学态度、开阔的研究视野、宽容的处世作风是我永远的学习榜样。师恩浩荡，永铭于心！

还要感谢我的硕士导师屈宝香研究员，七年前是屈老师引领着我走上了科研之路，难以忘怀读硕期间屈老师对我的谆谆教诲，虽然已毕业多年，但她对我生活和学习上的关心一直没有间断。师生情谊永在，感恩之心常存！

感谢农业部发展计划司詹玲副处长、农业资源与农业区划研究所王迎春研究员、山东省农业厅计财处孙学军处长、泰安市农业局韩志强局长、毕成总农艺师，肥城市农业局王斌局长、计财处张士刚科长对本书调研和数据收集的鼎力相助。

感谢世界农业经济与环境服务局（WAEES）的段志煌研究员和日本国际农村水产业研究中心（JICAS）的中本和夫研究员为本书提供的宝贵资料和建议；感谢农业部食物与营养研究所的王东阳副所长、程广燕副研究员，感谢农业经济与发展研究所的领导和同事们在读博期间对我工作、学习和生活上的帮助。

感谢冯献、周忠丽、蒋辉、张全红、张琳、刘志彬、史延华、高晓鸥等博士同学和好友，感谢师弟崔凯、师妹杨玉苹、肖娴和王雪，正是他们的鼓励、帮助和支持，才使我有信心和决心完成本书的写作。

在本书写作过程中，我参阅了大量与本书研究方向相关的书籍和期刊，这些参考文献所包含的丰富知识和诸多有价值的思想给了我很多启发，并将它们吸收和消化到我的博士论文中，在此对这些书籍和文献的作者表示由衷感谢。文中引用如有标注不详或不当之处，敬请海涵。

最后，也是最重要的，感谢我的家人，感谢他们对我无私的关爱和无限的理解。

感谢老师、同学、朋友、家人——这些我生命中最亲爱的人们，正是你们的爱与关怀支持我不断前行，前进的路上我不敢有丝毫懈怠。

钱静雯

2015 年 6 月 25 日于北京